U0153610

圖解

五南圖書出版公司 印行

應用心理統計分析

陳耀茂 / 編著

閱讀文字

理解內容

觀看圖表

圖解讓

應用心理統計分析

更簡單

序言

　　對應用心理（包括臨床心理及精神醫學）來說，最重要的工作之一不就是能夠實際應用嗎？同時，也希望能在學會上發表研究成果的論文。

　　此時必須注意的是，能否客觀地評估及記述研究成果。對人來說，想客觀地評估自己，是非常不容易的事情。對於充滿自信的人來說，常會高估自己的研究成果。相反地，對於羞怯又缺乏自信的人來說，卻認為自己的研究成果總是有些遜色。「此時若有能客觀地評價的方法的話？」、「若有共通的語言的話？」不就很理想了嗎？為了能以數值客觀地評價研究成果，世界共通的語言，正是「統計分析」。

　　本書對於應用心理所使用的統計處理，以非常容易理解的方式進行解說。您也不妨使用各種統計分析的技術，試著提出身為「研究者的主張」吧。

　　在學習統計方法處理問題時，首先讓人感到困擾的是：「此數據要選擇哪種統計處理方法好呢？」、「要如何輸入數據，有無明確的輸入步驟？」、「輸入後，在進行統計處理時，有無明確的處理步驟？」此煩惱利用圖解的方式即可迎刃而解。

　　最後讓人感到困擾的是：「結果要如何判讀？」此煩惱只要看本書的解說，即可將「霧煞煞」一掃而光。

　　本書的特徵有以下四項：

一、只要看數據類型，統計處理方法一清二楚。

二、利用圖解，數據的輸入與其步驟清晰明確。

三、利用圖解，統計處理的方法與其步驟一目了然。

四、輸出結果的判讀方法簡明易懂。

　　總之，只要利用滑鼠，任何人均可簡單進行數據的統計處理，讓您在操作中得到使用的滿足感，並希望對想進行的分析有所助益。

陳耀茂

東海大學企管系

CONTENTS 目錄

第 15 章　測量的信度與效度

第 16 章　路徑分析

第 17 章　結構方程模式分析

第 18 章　語意差異法分析

參考文獻

第 1 章
意見調查與問卷製作
——蒐集資料

本章內容

1.1 意見調查的問卷製作

　　為了調查「現代人具有何種煩惱？」以及「承受何種壓力呢？」報紙或電視經常使用意見調查來詢問。

　　雖然乍看是很簡單的意見調查，但實際的調查需要有周全的準備，那麼利用意見調查時，要如何進行適切地調查及研究呢？

　　首先說明大略的流程，之後就各步驟再詳加考察。

<u>失敗例</u>

(1)調查或研究的主題過大。
(2)從調查結果想導出的事項，與研究主題或假設不符合。

■ 調查進行方式的流程圖

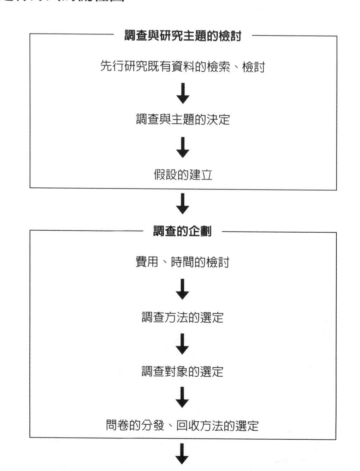

調查與研究主題的檢討

先行研究既有資料的檢索、檢討

↓

調查與主題的決定

↓

假設的建立

↓

調查的企劃

費用、時間的檢討

↓

調查方法的選定

↓

調查對象的選定

↓

問卷的分發、回收方法的選定

↓

問卷的製作

說明變量與目的變量的設定

⬇

預備調查 1

⬇

輪廓頁（Face sheet）的製作

⬇

問項的製作

⬇

輪廓頁、問項以外部分的製作

⬇

問卷的修正

預備調查 2

⬇

問項的修正

⬇

問卷的調查

⬇

正式調查

問卷回收時的檢查與因應

⬇

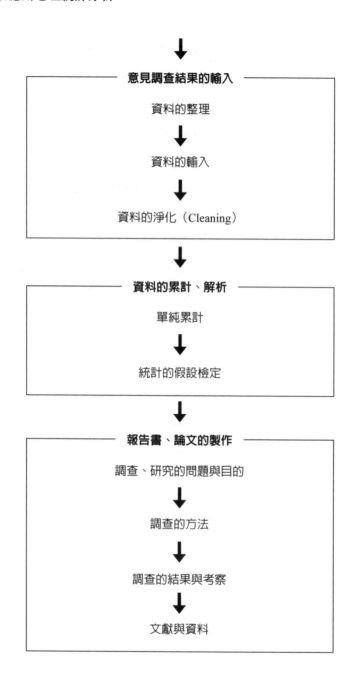

1.2　調查與研究主題的檢討

■ 先行研究既有統計資料的檢索、檢討

首先，針對自己有興趣的事項，尋找相關書籍或論文先行閱讀。
其次，根據其中的關鍵字或引用文獻，再去尋找書籍或既有統計資料。

■ 調查與主題的決定

從檢討先行研究既有統計資料的結果中，探討
「問題點或還未解明的事項是什麼？」
使調查的目的明確，並決定調查、研究主題。

■ 假設的建立

決定調查與研究主題之後，就要建立假設。所謂假設是
「某變數與其他變數，某概念與其他概念之間，有何種關係？」
根據理論或經驗，先假設性的加以說明。

1.3 調查的企劃

當調查與研究主題已決定，假設也設定時，就需要著手調查的具體企劃，那麼要如何企劃調查才好呢？請看以下說明。

■ 調查方法的選定

此處介紹在實際調查中，經常加以利用的意見調查與訪談調查兩種方法。考察自己的調查與研究主題或假設，並選擇合適的方法。

(1) 意見調查

所謂意見調查，是事先準備好有關調查內容的問題，照著問題讓調查對象回答，再蒐集資料的方法。此調查法包含讓調查對象自填問卷所記入的問題，以及由調查員朗讀問題，由調查員記入調查對象所回答的內容。

(2) 面談調查

調查員與調查對象面談，依據調查目的進行詢問，利用其回答蒐集資料的方法。訪談調查與意見調查不同，端看調查對象的反應，再進行補充詢問或變更詢問內容或追加詢問項目。

以預備調查來說，首先利用面談調查蒐集各種意見，再根據這些來製作意見調查項目，然後再實施意見調查，此兩種調查方法並用的情形也有。

■ 調查對象的選定

從母體選取所需要的樣本稱為抽樣。

所謂母體是指想調查的所有對象人員。

抽樣的代表性方法有以下幾種：

(1) 簡單隨機抽樣法

將母體中包含的所有人編好號碼，並以亂數表等抽出樣本的方法。

(2) 系統抽樣法

只有第一個樣本隨機選出，之後以等間隔選出樣本的方法。

(3) 多段抽樣法

從母體分階段抽出樣本的方法。

(4) 層別抽樣法

將母體分成若干層，按各層別抽出樣本的方法。

■ 問卷的分發、回收方法的選定

取決於問卷的分發或回收的方式，其回收率或回答的可靠性會出現不同。請看較具代表的分發、回收方法。

(1) 個別面談調查法

調查員前往調查對象的所在地（住處或公司），並以口頭朗讀詢問項目，讓對方當場回答的方法。

(2) 留置調查法

調查員前往調查對象的住處並送交問卷，待數日後（通常數週後）再去回收的方法。

(3) 郵寄調查法

將問卷郵寄給調查對象，並讓對方寄回其回答的方法。

(4) 集合調查法

將調查對象聚集於一場所，並當場分發問卷，令其回答的方法。

(5) 電話調查法

由調查員打電話給調查對象，透過朗讀詢問項目，令其回答的方法。

1.4 問卷的製作

此處將說明如何製作實際的問卷。

■ 說明變量與目的變量的設定

當考察因果關係時，要設定說明變量與目的變量。說明變量也稱為獨立變數或預測變數，目的變量也稱為從屬變數或基準變數。說明變量表示原因，目的變量表示結果。

■ 預備調查 1

在製作正式調查的問題之前，還需先進行訪談調查作為預備調查的情形也有。

通常需要預備調查之情形，是先行研究或既有統計資料較少時。

■ 輪廓頁（Face sheet）的製作

所謂輪廓頁是詢問性別或年齡等有關調查對象者之屬性。

（例 1） 請回答您的性別。
    1. 女性　　　2. 男性
（例 2） 請回答您的年齡。（　　）歲
（例 3） 您目前是否已婚呢？
    1. 是　　　　2. 不是
（例 4） 目前您與誰一起同住呢？
    （　　　　　　　　　）

■ 問題的製作

（例 1） 您以前曾看過精神科、身心內科等嗎？
    1. 有　　　　2. 無
（例 2） 您目前的心情是屬於以下何者？
    1. 經常鬱悶　2. 稍微鬱悶
    3. 不太鬱悶　4. 完全不鬱悶
（例 3） 您搭乘何種交通工具會覺得呼吸困難呢？按呼吸困難之順序列舉
    3 項。如無法列舉 3 項時，不用勉強也沒關係。

1. 捷運　　　2. 公車　　　3. 計程車　　　4. 自用車
5. 腳踏車　　6. 摩托車　　7. 船　　　　　8. 飛機
第一位（　　　　）　第二位（　　　　）　第三位（　　　　）

（例 4）　您覺得可怕的事情或可怕的東西是什麼？請自由填寫。
（　　　　　　　　　　　　　　　　　　　　　）

■ 輪廓頁、問項以外部分的製作

問卷中除了輪廓頁及問項以外，還要列入什麼才好呢？

其 1　調查年月日
問卷的送交日要使調查者或調查對象知道

其 2　標題
標題要直接了當地表現調查內容，不要過長

其 3　調查者的資訊
需要讓對方知道調查者是誰再進行調查

其 4　調查的目的
簡潔地記入調查目的，儘量避免會影響回答的記述

其 5　調查結果的活用方法
明確告知調查結果要如何使用，告知不會侵犯個人的隱私

其 6　注意事項
在進行意見調查時，如有需要注意的地方，請讓對方於回答前先在問題中指示

其 7　調查結果的報告
對於想知道調查結果的人，要讓對方知道結果

其 8　聯絡地點
為了接受有關調查的詢問，聯絡地點一定要明確記載

1.5 問卷的修正

重新再看一遍問卷並進行修正。

■ 預備調查 2

在正式調查之前，將完成的問題內容讓第三者做確認。

如有需要可以樣本的一小部分來實際進行調查看看。觀察此處的調查結果，如有不易了解的項目或容易招致誤解的項目時，進行修正或刪除。

此預備調查是為了使正式調查變得更好所致。如無法一次好好修正時，可重複數次預備調查。

■ 問項的修正

修正或刪除不易了解的問項或容易招致誤解的問項。

■ 問卷的調整

問項的修正或刪除完成時，最後確認有無錯字、漏字。

1.6 有關就業調查的問卷例

| 問卷 1 |

0000 年 0 月 0 日

| 有關就業調查的請託 |

　　這是有關「就業壓力」的調查。想掌握與研究目前在公司任職的人有何種壓力以及程度如何？

　　此意見調查的結果，在經過統計處理之後，想以一般的傾向加以表現，因之絕對沒有特定個人一事。請依據自己的想法或意見照實回答。

　　百忙中打擾甚感抱歉，但請務必協助本調查。

〈填寫注意事項〉
· 回答時，請不要與其他人商談，務必由一人回答。
· 回答結束時，請再次確認回答欄有無漏寫。

〈關於調查結果及詢問〉
　　想知道調查結果的人，容日後再行告知，有意願者可洽詢下記聯絡地址。另外，如有疑問者亦歡迎洽詢。

聯絡地址：00 大學 00 學院 00 學系
住址：00 市 00 路 00 號
電話：0000-0000
E-mail：00@.thu.edu.tw

┌─────────────┐
│ 問卷 2 │
└─────────────┘

想打聽您本身。
　　在適當的數字中予以圈選。空欄請以數字或文章回答。

問 1.1　請回答您的性別。
　　　　1. 女性　　　2. 男性

問 1.2　請回答您的年齡。
　　　　（　　　）歲

問 1.3　您目前擔任何種工作？
　　　　（　　　　　　　　　）

問 1.4　請回答您一週的工作時數？
　　　　約（　　　　　）小時

問卷 3

問 2　您有過無法入睡的情形嗎？
　　　請在適當的數字中圈選一者。
　　　1. 經常　　　2. 有時
　　　3. 不太常　　4. 完全沒有

問 3　您有過早上早醒之後，就無法再入眠的情形嗎？
　　　1. 經常　　　2. 有時
　　　3. 不太常　　4. 完全沒有

問 4　您覺得有厭食或暴食的情形嗎？
　　　1. 覺得　　　2. 不覺得

問 5.1　您有可以商談自己煩惱的人嗎？
　　　1. 有　　　　2. 無

問 5.2　在問 5.1 中如回答「1. 有」的人才要回答。
　　　那他（她）是誰？
　　　（　　　　　　　　　）

問卷 4

問 6 您最近會覺得工作時精神無法集中嗎？
1. 經常覺得　2. 略微覺得
3. 不太覺得　4. 完全不覺得

問 7 您最近是否覺得疲勞無法解除呢？
1. 經常覺得　2. 略微覺得
3. 不太覺得　4. 完全不覺得

問 8 您最近會覺得煩躁不安嗎？
1. 經常覺得　2. 略微覺得
3. 不太覺得　4. 完全不覺得

問 9 您與家人在一起會覺得寬心嗎？
1. 相當寬心　2. 略微寬心
3. 不太寬心　4. 完全不寬心

第2章
平均數 · 變異數 · 標準差 —— 試著進行基本的統計處理

2.1 平均數 · 變異數 · 標準差
2.2 利用 SPSS 的平均數 · 變異數 · 標準差

本章內容

2.1 平均數‧變異數‧標準差

　以下的數據是將有睡眠障礙的 30 位受試者，分成 2 組，分別施與治療藥 A、治療藥 B 的結果。

表 2.1.1

組 1		組 2	
NO.	治療藥 A	NO.	治療藥 B
1	2	16	5
2	3	17	2
3	4	18	3
4	1	19	2
5	2	20	4
6	4	21	5
7	3	22	4
8	2	23	4
9	3	24	3
10	4	25	3
11	1	26	3
12	3	27	4
13	2	28	3
14	2	29	5
15	4	30	3

（註）以 5 級測量治療藥的效果
　　　1. 反而睡不著
　　　2. 略微睡不著
　　　3. 沒改變
　　　4. 略微睡得著
　　　5. 睡得很好

想分析的事情是？

1. 想比較利用治療藥 A 與治療藥 B 可以減少多少睡眠障礙。
2. 想比較利用治療藥 A 與治療藥 B 的效果變異。
3. 想圖示治療藥 A 與治療藥 B 的效果範圍。

此時，可以考慮如下的統計處理。

■ 統計處理 1

比較治療藥 A 與治療藥 B 之平均數。

■ 統計處理 2

比較治療藥 A 與治療藥 B 的變異數、標準差。

■ 統計處理 3

比較治療藥 A 與治療藥 B 的盒形圖。

撰寫論文時

1. 平均數、變異數、標準差的情形，在論文中大多如下表現：

	平均數＋標準差	中央值	四分位距
治療藥 A	2.67 + 0.270	3.00	2
治療藥 B	3.53 + 0.256	3.00	1

（註）盒形圖（box plot）也稱為箱型圖或盒式圖。

2. 盒形圖的情形，將 SPSS 的輸出照樣貼上。

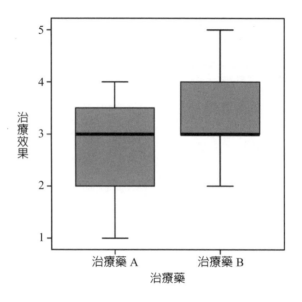

以圖形表現平均數值的區間估計時，有如下的「誤差長條圖」。

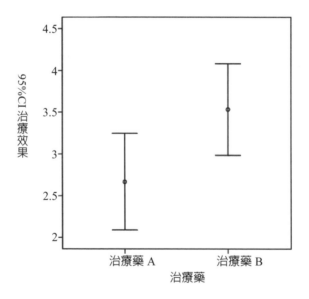

【數據輸入類型】

表 2.1.1 的數據如下輸入。

	治療藥	治療效果	var
1	1	2	
2	1	3	
3	1	4	
4	1	1	
5	1	2	
6	1	4	
7	1	3	
8	1	2	
9	1	3	
10	1	4	
11	1	1	
12	1	3	
13	1	2	
14	1	2	
15	1	4	
16	2	5	
17	2	2	
18	2	3	
19	2	2	
20	2	4	
21	2	5	
22	2	4	
23	2	4	
24	2	3	
25	2	3	
26	2	3	
27	2	4	
28	2	3	
29	2	5	

資料檢視／變數檢視

	治療藥	治療效果	var
1	治療藥A	2	
2	治療藥A	3	
3	治療藥A	4	
4	治療藥A	1	
5	治療藥A	2	
6	治療藥A	4	
7	治療藥A	3	
8	治療藥A	2	
9	治療藥A	3	
10	治療藥A	4	
11	治療藥A	1	
12	治療藥A	3	
13	治療藥A	2	
14	治療藥A	2	
15	治療藥A	4	
16	治療藥B	5	
17	治療藥B	2	
18	治療藥B	3	
19	治療藥B	2	
20	治療藥B	4	
21	治療藥B	5	
22	治療藥B	4	
23	治療藥B	4	
24	治療藥B	3	
25	治療藥B	3	
26	治療藥B	3	
27	治療藥B	4	
28	治療藥B	3	
29	治療藥B	5	

資料檢視／變數檢視

2.2 利用 SPSS 的平均數‧變異數‧標準差

步驟 1　輸入表 2.1.1 的數據後，從 分析 (A) 的清單中如下選擇。

步驟 2　變成預檢資料的分析畫面時，將治療效果放到 依變數清單 (D) 的方框中。

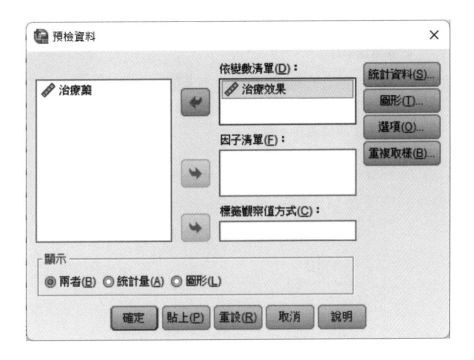

步驟 3　接著，將治療藥放到因子清單 (F) 的方框中，按一下圖形 (T)。

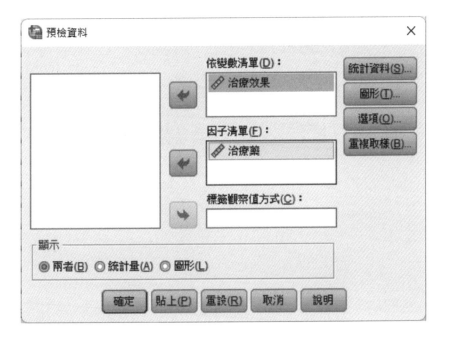

步驟 4　變成圖形的畫面時，如下勾選

　　　　☑ 常態圖 (O)

　　　　按 繼續 。回到步驟 3 的畫面時，按 確定 。

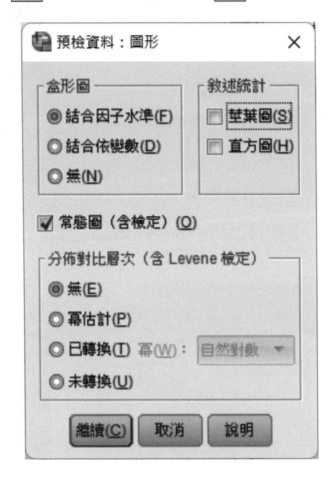

【SPSS 輸出・1】——探索式的分析（預檢資料）

敘述統計

治療藥			統計量	標準誤	
治療效果	治療藥A	平均數	2.67	.270	←①
		平均數的95%信賴區間　下限	2.09		←③
		上限	3.25		
		刪除兩極端各5%觀察值之平均數	2.69		
		中位數	3.00		
		變異數	1.095		
		標準差	1.047		←②
		最小值	1		
		最大值	4		
		範圍	3		
		四分位全距	2		
		偏態	-.080	.580	
		峰度	-1.102	1.121	
	治療藥B	平均數	3.53	.256	←①
		平均數的95%信賴區間　下限	2.98		←③
		上限	4.08		
		刪除兩極端各5%觀察值之平均數	3.54		
		中位數	3.00		
		變異數	.981		
		標準差	.990		←②
		最小值	2		
		最大值	5		
		範圍	3		
		四分位全距	1		
		偏態	.149	.580	
		峰度	-.844	1.121	

【輸出結果的判讀・1】——探索式分析（預檢資料）

① 平均數值

治療藥 A 的平均數 = 2.67
治療藥 B 的平均數 = 3.53

因此，治療藥 B 似乎比治療藥 A 有效。

② 標準差

$\begin{cases} 治療藥 A 的標準差 =1.047 \\ 治療藥 B 的標準差 =0.990 \end{cases}$

因此，治療藥 A 與治療藥 B 的治療效果的變異，
似乎差異不大。

③ 平均數值的 95% 信賴區間

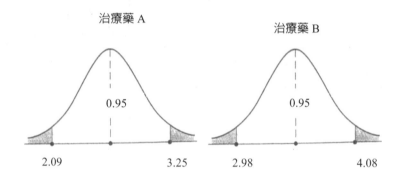

治療藥 A   治療藥 B

0.95   0.95

2.09   3.25   2.98   4.08

【SPSS 輸出・2】——探索式分析

常態檢定

	治療藥	Kolmogorov-Smirnov檢定			Shapiro-Wilk 常態性檢定			
		統計量	自由度	顯著性	統計量	自由度	顯著性	
治療效果	治療藥A	.205	15	.091	.882	15	.052	←④
	治療藥B	.238	15	.022	.887	15	.061	

a. Lilliefors顯著性校正

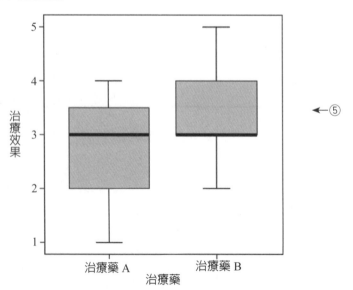

←⑤

【輸出結果的判讀．2】──探索式分析

④ Shapiro-Wilk 的常態性檢定

假設 H_0：在治療藥 A 中的母體分配是常態分配

治療藥 A 的顯著機率 0.052> 顯著水準 0.05

因之，假設 H_0 無法捨棄。

假設 H_0：在治療藥 B 中的母體分配是常態分配

治療藥 B 的顯著機率 0.061> 顯著水準 0.05

因之，假設 H_0 無法捨棄。

因此，治療效果的分配不管是治療藥 A 或治療藥 B 均可
想成是常態母體。

⑤ 盒形圖

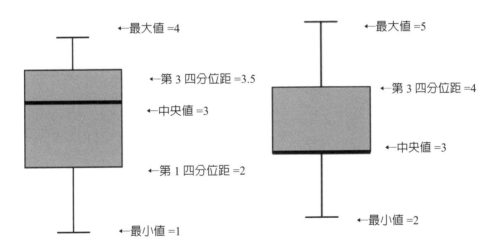

因此，治療藥 A 與治療藥 B 的中央值相同，但在四分位距中，治療效果
似乎有差異。

Note

第 3 章
散布圖·相關係數·順位相關
——以圖形表現，以數值表現

本章內容

3.1 散布圖‧相關係數‧順位相關

以下的數據是針對 30 位受試者，調查「一週的工作時數與就業壓力的程度」所得到的結果：

表 3.1.1

No.	一週工作時數	就業壓力	組
1	79	3	1
2	30	3	1
3	39	1	1
4	84	5	1
5	78	5	1
6	79	5	1
7	45	2	1
8	81	4	1
9	67	3	1
10	55	1	1
:	:	:	:
:	:	:	:
28	48	1	2
29	18	5	2
30	27	4	2

（註）就業壓力分成 5 級
1. 無
2. 不太有
3. 略有
4. 有
5. 頗有

其中混有工作狂（workaholic）的受試者，像組 2 的受試者即是。

想分析的事情是？

> 1. 以圖表示一週工作時數與就業壓力的關係。
> 2. 以數值表示一週工作時數與就業壓力的關係。

此時，可以考慮如下的統計處理：

■ 統計處理 1

以「一週工作時數」當成橫軸，「就業壓力」取成縱軸，繪製散布圖。

■ 統計處理 2

求出「一週工作時數」與「就業壓力」的相關係數。

■ 統計處理 3

求出「一週工作時數」與「就業壓力」的順位相關係數。

撰寫論文時

1. 用散布圖時：將 SPSS 的輸出照樣貼上。

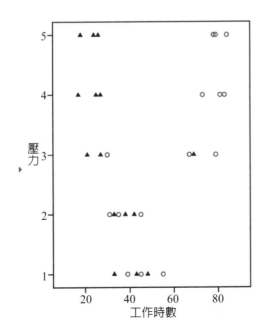

2. 相關係數時：「……相關係數是 0.187，工作時數與就業壓力之間看不出相關關係。而且，在無相關的檢定中，顯著機率是 0.322，因此不能說有相關。因此……」

3. 另外，以下的表現也有，但數據數甚多時，即使相關係數是 0.1，在無相關的檢定中被捨棄的也有。

0.0～0.2 幾乎無相關

0.2～0.4 稍有相關

0.4～0.7 頗有相關

0.7～1.0 有強烈相關

【數據輸入類型】

表 3.1.1 的資料如下輸入：

	工作時數	壓力	組	var	var	var	var	var	var	var	var
1	79	3	1								
2	30	3	1								
3	39	1	1								
4	84	5	1								
5	78	5	1								
6	79	5	1								
7	45	2	1								
8	81	4	1								
9	67	3	1								
10	55	1	1								
11	83	4	1								
12	73	4	1								
13	35	2	1								
14	31	2	1								
15	45	1	1								
16	43	1	2								
17	24	5	2								
18	33	2	2								

	工作時數	壓力	組	var	var	var	var	var	var	var	var
1	79	略有	1								
2	30	略有	1								
3	39	無	1								
4	84	頗有	1								
5	78	頗有	1								
6	79	頗有	1								
7	45	不太有	1								
8	81	有	1								
9	67	略有	1								
10	55	無	1								
11	83	有	1								
12	73	有	1								
13	35	不太有	1								
14	31	不太有	1								
15	45	無	1								
16	43	無	2								
17	24	頗有	2								
18	33	不太有	2								

3.2 利用 SPSS 求相關係數

步驟 1 　表 3.1.1 的數據輸入後，從分析 (A) 的清單中如下選擇：

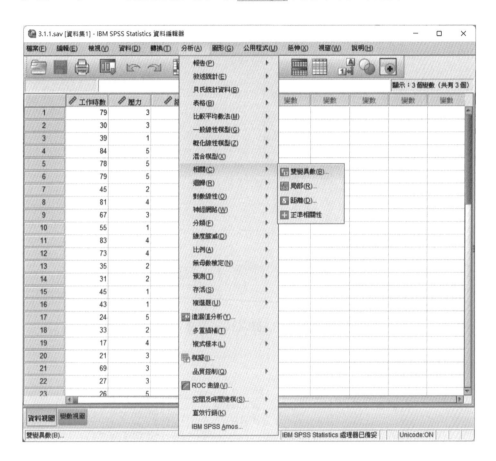

步驟 2 變成 2 變數的相關分析的畫面時，將工作時數與就業壓力移到變數 (V) 的方框中。

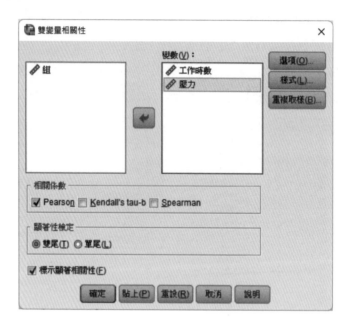

步驟 3 接著，確認在相關係數的 ☑Pearson (N) 勾選後，按 確定 。

【**SPSS 輸出**】 —— 相關分析

相關

		工作時數	壓力	
工作時數	Pearson 相關	1	.187	←①
	顯著性 (雙尾)		.322	←②
	個數	30	30	
壓力	Pearson 相關	.187	1	
	顯著性 (雙尾)	.322		
	個數	30	30	

【**輸出結果的判讀**】 —— 相關分析

① 相關係數

　相關係數 = 0.187

　因此，一週工作時數與就業壓力之間似乎無相關。

② 無相關之檢定

　假設 H_0：一週工作時數與就業壓力之間無相關

　顯著機率 0.322 ＞顯著水準 0.05

　因之假設 H_0 無法捨棄。

　因此，一週工作時數與就業壓力之間不能說有相關。

3.3 利用 SPSS 製作散布圖

步驟 1　表 3.1.1 的數據輸入時，從 圖形(G) 的舊式對話框清單中如下選擇。

步驟 2　變成散布圖 / 點狀圖的畫面時，選擇簡單，按一下 定義 。

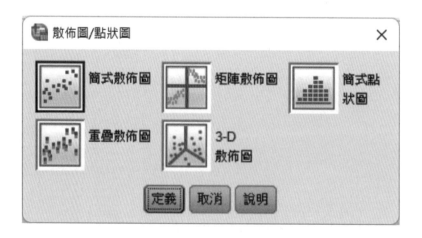

步驟 3　將就業壓力移到 Y 軸 (Y) 的方框中，工作時數移到 X 軸 (X) 的方框中，組移到設定標記方式 (S) 的方框中，按 確定 。

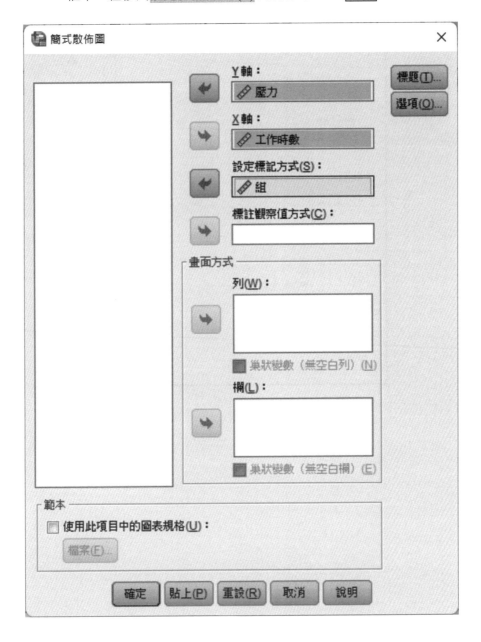

【SPSS 輸出‧1】——散布圖

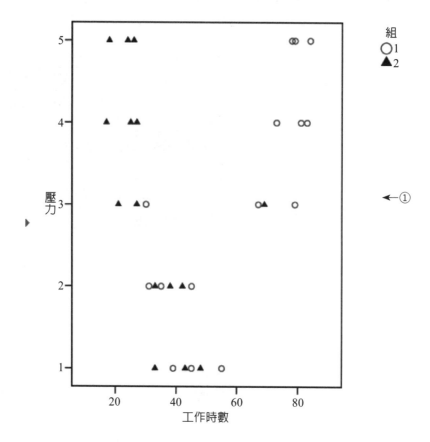

【輸出結果的判讀‧1】—— 散布圖

① 散布圖

如觀察此散布圖時，可以發覺出在此數據中存在著 2 個組。

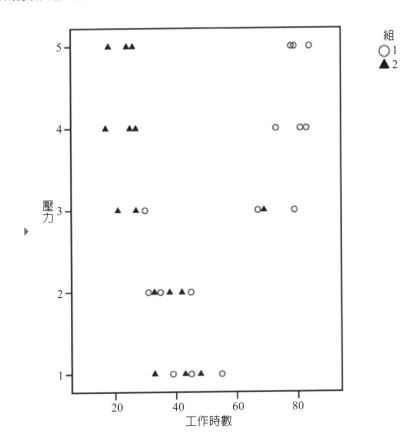

因此，按組別調查相關係數似乎較好。

【SPSS 輸出 · 2】──散布圖

相關

		工作時數	壓力
工作時數	Pearson 相關	1	.772**
	顯著性 (雙尾)		.001
	個數	15	15
壓力	Pearson 相關	.772**	1
	顯著性 (雙尾)	.001	
	個數	15	15

←② (對齊 .772** 列)

**. 在顯著水準為0.01時 (雙尾)，相關顯著。

相關

		工作時數	壓力
工作時數	Pearson 相關	1	-.557*
	顯著性 (雙尾)		.031
	個數	15	15
壓力	Pearson 相關	-.557*	1
	顯著性 (雙尾)	.031	
	個數	15	15

←③

*. 在顯著水準為0.05時 (雙尾)，相關顯著。

【輸出結果的判讀 · 2】──散布圖

② 組 1 的相關係數
一週工作時數與就業壓力的相關係數 =0.772
一週工作時數與就業壓力之間有正的相關。
因此，得知組 1 的人如工作時間增加時，就業壓力即有增加之傾向。

③ 組 2 的相關係數
一週工作時數與就業壓力的相關係數 = -0.557
一週工作時數與就業壓力之間有負的相關。
因此，得知組 2 的人如工作時間減少時反而壓力有增加之傾向。

3.4 利用 SPSS 的順位相關係數

步驟 1　從表 3.1.1 的資料中，選擇組 1 的資料再求順位相關。因此，從資料 (D) 的清單中點選選取觀察值 (S)。

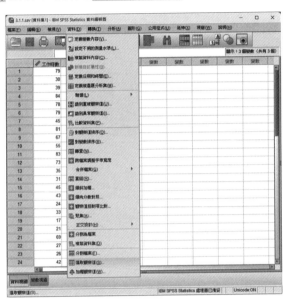

步驟 2　變成選取觀察值的畫面時，如下選擇後，點選如果 (I)。

步驟 3　　變成 IF 修件的定義的畫面時，如下圖按下：

組 =1

輸入條件後，按 繼續 。

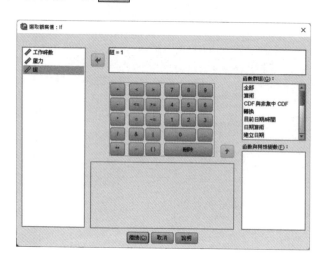

步驟 4　　變成以下畫面時，按 確定 。

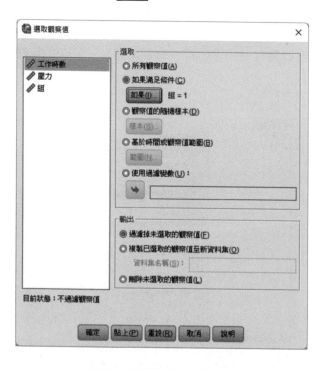

步驟 5　選取觀察值後，從分析 (A) 的清單中選擇相關 (C) 的雙變數 (B)。

步驟 6　變成以下的畫面時，將工作時數與就業壓力移到變數 (V) 的方框中。

步驟 7　在相關係數的地方，勾選 ☑Kendall 的 Tau (K)、☑Spearman(S) 按 確定。

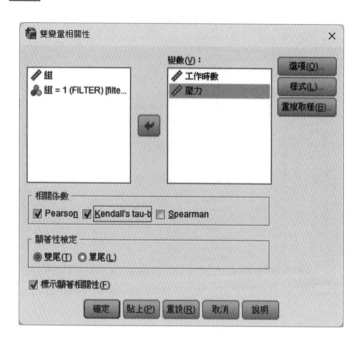

【SPSS 輸出】── 順位相關

(1) 組 1 的相關係數

相關

			工作時數	壓力	
Kendall's tau_b統計量數	工作時數	相關係數	1.000	.519*	←①
		顯著性 (雙尾)	.	.011	←②
		個數	15	15	
	壓力	相關係數	.519*	1.000	
		顯著性 (雙尾)	.011	.	
		個數	15	15	
Spearman's rho係數	工作時數	相關係數	1.000	.716**	←③
		顯著性 (雙尾)	.	.003	←④
		個數	15	15	
	壓力	相關係數	.716**	1.000	
		顯著性 (雙尾)	.003	.	
		個數	15	15	

*. 相關的顯著水準為 0.05 (雙尾)。

**. 相關的顯著水準為 0.01 (雙尾)。

(2) 組 2 的相關係數

相關

			工作時數	壓力
Kendall's tau_b統計量數	工作時數	相關係數	1.000	-.582**
		顯著性 (雙尾)	.	.004
		個數	15	15
	壓力	相關係數	-.582**	1.000
		顯著性 (雙尾)	.004	.
		個數	15	15
Spearman's rho係數	工作時數	相關係數	1.000	-.743**
		顯著性 (雙尾)	.	.001
		個數	15	15
	壓力	相關係數	-.743**	1.000
		顯著性 (雙尾)	.001	.
		個數	15	15

**. 相關的顯著水準為 0.01 (雙尾)。

【輸出結果的判讀】 —— 順位相關

① Kendall 的 Tau b
　　順位相關係數 = 0.519
　　一週工作時數與就業壓力之間有正的相關。

② 順位相關的檢定
　　假設 H_0：一週工作時數與就業壓力之間無順位相關
　　顯著機率 0.011 ＜ 顯著水準 0.05，因此假設 H_0 否定。
　　因此，一週工作時數與就業壓力之間知有相關。

③ Spearman
　　順位相關係數 = 0.716
　　一週工作時數與就業壓力之間有正的相關。

④ 順位相關係數之檢定
　　假設 H_0：一週工作時數與就業壓力之間無順位相關
　　顯著機率 0.03 ＜ 顯著水準 0.05，因此假設 H_0 否定。
　　因此，一週工作時數與就業壓力之間知有相關。

Note

第 4 章
交叉累計表・獨立性的檢定
——整理成表再調查關聯性

本章內容

4.1 交叉累計表・獨立性的檢定

　　以下的資料是針對有睡眠障礙者 25 人、無睡眠障礙者 25 人，就「興趣的有無、一週的工作時數、配偶者的有無、職場中有無可以商談的人、對職務內容是否滿意」等，進行意見調查後所得的結果。

表 4.1.1

No.	睡眠障礙	興趣	工作時數	配偶者	職場商談	職務內容
1	1	2	2	2	2	2
2	1	1	1	1	1	1
3	1	1	1	2	1	2
4	1	2	2	2	1	2
5	1	1	2	2	2	1
⋮	⋮	⋮	⋮	⋮	⋮	⋮
⋮	⋮	⋮	⋮	⋮	⋮	⋮
46	2	1	1	2	1	2
47	2	2	1	1	1	1
48	2	1	1	1	1	2
49	2	1	1	2	2	1
50	2	2	2	2	1	1

想分析的事情是？

1. 想將睡眠障礙者與興趣的關係整理成表。
2. 想調查睡眠障礙者與興趣之間有無關聯。

　　此時，可以考慮如下的統計處理：

■ 統計處理 1

　　將睡眠障礙取成行、興趣取成列，製作交叉表。

■ 統計處理 2

　　就睡眠障礙與興趣，進行獨立性的檢定。
　（註）A 與 B 獨立 ⟺ A 與 B 無關聯

撰寫論文時

1. 用交叉累計表時，將 SPSS 輸出照樣貼上。

興趣 * 睡眠障礙 交叉表

個數

		睡眠障礙		總和
		有	無	
興趣	無	16	8	24
	有	9	17	26
總和		25	25	50

2. 用獨立性檢定時：「……進行獨立性檢定之後，卡方值是 5.128，顯著機率 0.024，知睡眠障礙與興趣之間有關聯。因此，……」
3. 獨立性檢定的檢定統計量由於服從卡方分配，因此將此檢定寫成卡方檢定的人似乎很多。

【數據輸入類型】

　表 4.1.1 的資料，如下輸出：

	睡眠障礙	興趣	工作時數	配偶者	職場商談	職務內容	Var	Var	Var	Var	Var	Var
1	有	有	以上	無	無	無						
2	有	無	未滿	有	有	有						
3	有	無	未滿	無	有	無						
4	有	有	以上	無	有	無						
5	有	無	以上	無	無	有						
6	有	無	未滿	無	有	有						
7	有	無	以上	無	無	有						
8	有	有	以上	有	無	有						
9	有	有	以上	有	有	有						
10	有	無	以上	有	有	無						
11	有	有	以上	有	無	無						
12	有	無	未滿	有	無	無						
13	有	無	以上	有	無	無						
14	有	有	以上	有	無	有						
15	有	有	以上	無	無	無						
16	有	有	未滿	無	無	無						
17	有	無	以上	無	無	無						
18	有	無	以上	無	無	有						
19	有	有	以上	有	有	有						
20	有	無	未滿	無	無	無						
21	有	無	未滿	無	無	無						
22	有	無	以上	無	無	無						
23	有	無	以上	無	無	無						
24	有	無	未滿	無	無	無						
25	有	無	以上	無	無	無						
26	無	有	以上	無	無	無						
27	無	有	未滿	無	有	有						
28	無	有	以上	無	無	無						
29	無	有	以上	無	無	無						

資料檢視 ╲ 變數檢視

4.2　SPSS 的交叉累計表，獨立性的檢定

步驟 1　表 4.1.1 的資料輸入時，將 分析 (A) 的清單如下選擇。

步驟 2　變成交叉表的畫面時，將睡眠障礙移到欄 (C) 的方格，將興趣移到列 (O) 的方框中，按一下統計資料 (S)。

步驟 3 變成以下的畫面時，勾選 ☑ 卡方檢定 (H) 按 繼續。

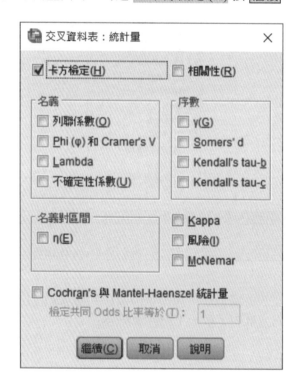

步驟 4　回到以下畫面時，按 確定 。

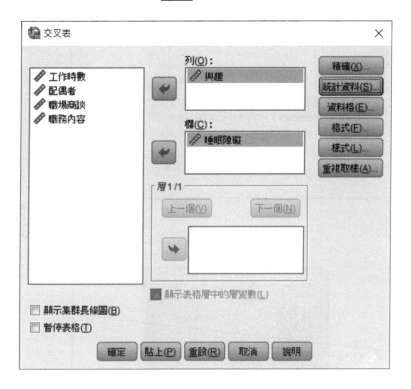

【SPSS 輸出】── 交叉表

興趣 ＊睡眠障礙 交叉表

個數

		睡眠障礙		
		有	無	總和
興趣	無	16	8	24
	有	9	17	26
總和		25	25	50

←①

（註）想改變交叉表的順序譬如「有」「無」的順序時，可利用步驟 4 的格式。

卡方檢定

	數值	自由度	漸近顯著性 (雙尾)	精確顯著性 (雙尾)	精確顯著性 (單尾)	
Pearson卡方	5.128[b]	1	.024			←②
連續性校正[a]	3.926	1	.048			
概似比	5.220	1	.022			
Fisher's精確檢定				.046	.023	←③
線性對線性的關連	5.026	1	.025			
有效觀察值的個數	50					

a. 只能計算2x2表格
b. 0格 (.0%) 的預期個數少於 5。 最小的預期個數為 12.00。

長條圖

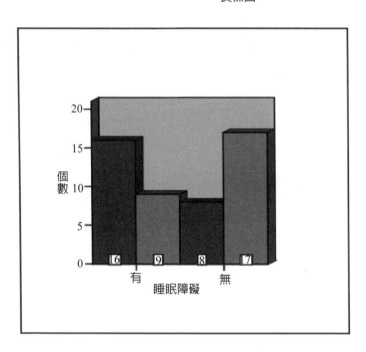

【輸出結果的判讀】──交叉表

① 睡眠障礙與興趣的交叉表
  有睡眠障礙的人，似乎未具有興趣的人較多。
  相反的，沒有睡眠障礙的人，似乎都具有興趣。

② 獨立性的檢定
  假設 H_0：睡眠障礙與興趣是獨立

顯著機率 0.024 ＜顯著水準 0.05

因之假設 H_0 被否定。

因此，睡眠障礙與興趣之間有某種的關聯。

③ Fisher 的直接法

假設 H_0：睡眠障礙與興趣是獨立的

顯著機率 0.046 ＜顯著水準 0.05

因之假設 H_0 被否定。

因此，睡眠障礙與興趣之間有某種的關聯。

Note

第 5 章
勝算比・風險比
—— 計算危險度

本章內容

5.1 勝算比‧風險比

　　以下的資料是針對有睡眠障礙者 25 人與無睡眠者 25 人，詢問「是否具有興趣呢？」所得之結果。

表 5.1.1

興趣＼睡眠障礙	有	無
無	16 人	8 人
有	9 人	17 人

（註 1）睡眠障礙 1. 有　2. 無
　　　　興趣　　 1. 有　2. 無
（註 2）此數據與表 4.1.1 同。

想分析的事情是？

1. 想調查興趣之有無，對睡眠障礙的風險有何種程度的不同。
2. 想了解風險的範圍有多大。

　　此時，可以考慮如下的統計處理：

■ 統計處理 1

　　按興趣的有無求出睡眠障礙的勝算比。

■ 統計處理 2

　　按興趣的有無對睡眠障礙的勝算比進行區間估計。

■ 統計處理 3

　　按興趣的有無求出睡眠障礙的風險比。

撰寫論文時

1. 勝算是 Case‧Control 時所利用。
　　「……勝算比是 3.778，回答無興趣的人與回答有興趣的人相比，睡眠障

礙的風險可以認爲大約是 3.778 倍。因此…… 」

2. 風險比是 Cohort 研究時所使用。

【勝算比與風險比之定義】

	B₁	B₂
A₁	a	b
A₂	c	d

	有	無
要因 A	a	b
要因 B	c	d

$$\Rightarrow 勝算比 = \frac{a \times d}{b \times c} \qquad\qquad \Rightarrow 風險比 = \frac{\dfrac{a}{a+b}}{\dfrac{c}{c+d}}$$

【數據輸入類型】

表 5.1.1 的資料，如下輸入：

此時，不要忘了觀察值加權。

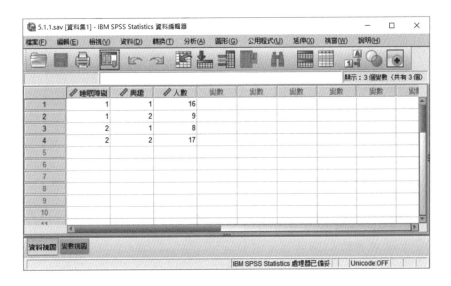

 Tea Break

> 勝算比英文稱為 Odd Ratio；風險比英文稱為 Hazard Ratio。

觀察值加權時

1. 從資料 (D) 的清單中，選擇觀察值加權 (W)……

2. 如下設定

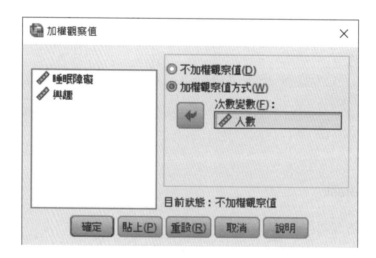

此時的加權變數是人數。
回到輸入畫面時，畫面的右端即變成
加權於。

5.2 利用 SPSS 的勝算比・風險比

步驟 1　表 5.1.1 的資料輸入後，從分析 (A) 的清單中如下選擇：

步驟 2　變成交叉表的畫面時，將睡眠障礙移到欄 (C) 的方框，將興趣移到列 (O) 的方框中，按一下統計資料 (S)。

步驟 3　變成統計量的指定畫面時，勾選風險 (I)，按 繼續。

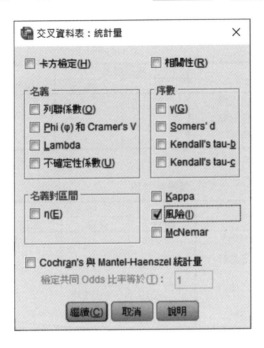

步驟 4　回到以下畫面時，按 確定。

【SPSS 輸出】── 交叉表

興趣 * 睡眠障礙 交叉表

個數

		睡眠障礙		總和
		有	無	
興趣	無	16	8	24
	有	9	17	26
總和		25	25	50

風險估計值

	數值	95% 信賴區間		
		較低	較高	
興趣 (無 / 有) 的奇數比	3.778	1.170	12.194	←①
顯示相對風險之估計 睡眠障礙 = 有	1.926	1.058	3.507	←②
顯示相對風險之估計 睡眠障礙 = 無	.510	.271	.958	←③
有效觀察值的個數	50			

【輸出結果的判讀】── 交叉表

① 勝算比

$$勝算比 = \frac{16 \times 17}{8 \times 9} = 3.778$$

沒有興趣的人,與有興趣的人相比,造成睡眠障礙的風險
可以認為約為 3.778 倍。

勝算比的 95% 信賴區間如下圖:

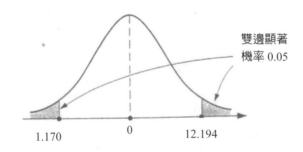

② 風險比

$$風險比 = \frac{\dfrac{16}{24}}{\dfrac{9}{26}} = 1.926$$

在有睡眠障礙的人中，有興趣與無興趣相比，其風險約為 1.926 倍。

風險比的 95% 信賴區間如下圖：

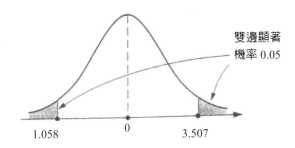

③ 風險比

在無睡眠障礙的人中，風險比是 0.510。

Note

第 6 章
t 檢定・無母數檢定 —— 比較
2 個治療效果

本章內容

6.1 t 檢定——無對應時

　　以下的資料是針對是否已關窗戶一事，一日之中有數次會不自覺地認為如未確認就覺得不對勁——此種有強迫性人格障礙者 20 人，在施與心理療法 A 與心理療法 B 之後的結果。

表 6.1.1　心理療法 A 與心理療法 B

No.	治療效果 （心理療法 A）	No.	治療效果 （心理療法 B）
1	1	11	4
2	3	12	2
3	1	13	5
4	4	14	3
5	2	15	4
6	3	16	4
7	3	17	3
8	3	18	2
9	2	19	5
10	2	20	3

（註）症狀的程度：
　　　1. 比開始心理療法前更為嚴重
　　　2. 比開始心理療法前略為嚴重
　　　3. 未改變
　　　4. 開始心理療法後略為好轉
　　　5. 開始心理療法後更有好轉

想分析的事情是？

1. 想調查利用心理療法 A 與心理療法 B，治療效果是否相同。
2. 母體未知，採用何種檢定。

　　此時可以考慮如下的統計處理：

■ 統計處理 1

進行 2 個平均之差的檢定。

■ 統計處理 2

母體的常態性與等變異性不成立時，進行 Wilcoxon 的等級和檢定
（=Mann‧Whitney）
（註）此種檢定稱為無母數檢定。

■ 統計處理 3

當組間有對應關係時，有對應的 2 個母平均之差的檢定。
採用 Wilcoxon 的符號等級檢定。

撰寫論文時

1. 將 2 個母平均之差的檢定寫成 t 檢定的人因有很多⋯⋯
　　「⋯⋯進行 t 檢定之後，t 值是 -2.4000，顯著機率是 0.027，因之在心理
　療法 A 與心理療法 B 之間，知治療效果有差異。另外，此檢定是假定等
　變異性成立。因此，⋯⋯」
2. 無母數檢定時
　　「⋯⋯進行 Wilcoxon 等級和檢定之後，W 值 =78.500，漸近顯著機率是
　0.038，因之在心理療法 A 與心理療法 B 之間，知治療效果有差異。因
　此，⋯⋯」
3. 無母數檢定時，如使用 SPSS 的精確機率檢定時，可以求出精確顯著機
　率，而非漸近顯著機率。
　　撰寫論文時，建議使用此精確機率檢定（Exact Test）。

【數據輸入類型】

表 6.1.1 的數據，如下輸入：

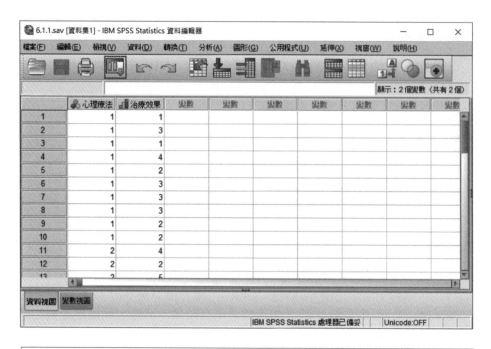

6.2　利用 SPSS 的 t 檢定

步驟 1　表 6.1.1 的數據輸入後，從分析 (A) 的清單如下選擇：

步驟 2　變成獨立樣本的 T 檢定之畫面時，將治療效果移到檢定變數 (T) 的方框，心理療法移到分組變數 (G) 的方框。接著按一下定義群組 (D)。

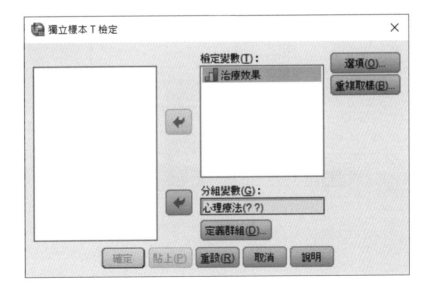

步驟 3　變成定義群組畫面時，如下輸入，按 繼續 。

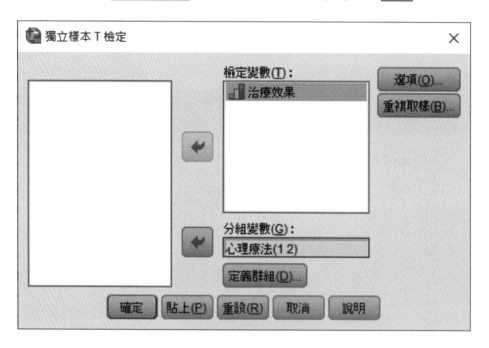

步驟 4　於是，分組變數 (G) 的地方變成心理療法 (1 2)，按 確定 。

【SPSS 輸出】── 獨立樣本的 t 檢定

組別統計量

	心理療法	個數	平均數	標準差	平均數的標準誤
治療效果	心理療法A	10	2.40	.966	.306
	心理療法B	10	3.50	1.080	.342

獨立樣本檢定

		變異數相等的Levene 檢定		平均數相等的t檢定					差異的95% 信賴區間	
		F 檢定	顯著性	t	自由度	顯著性(雙尾)	平均差異	標準誤差異	下界	上界
治療效果	假設變異數相等	.205	.656	-2.400	18	.027	-1.100	.458	-2.063	-.137
	不假設變異數相等			-2.400	17.780	.028	-1.100	.458	-2.064	-.136

①　　　　　②

【輸出結果的判讀】── 獨立樣本的 t 檢定

① 等變異性（同質性）的檢定
　　假設 H_0：心理療法 A 與心理療法 B 的變異相等。
　　顯著機率 0.656 ＞顯著水準 0.05
　　因之，假設 H_0 不能捨棄。
　　因此，心理療法 A 與心理療法 B 的效果的變異相等。
　　因而，假定等變異性。

② 2 個母平均之差的檢定
　　假設 H_0：心理療法 A 與心理療法 B 的治療效果相同。
　　顯著機率 0.027 ＜顯著水準 0.05
　　因之，假設 H_0 可以捨棄。
　　因此，心理療法 A 與心理療法 B 的治療效果知有差異。

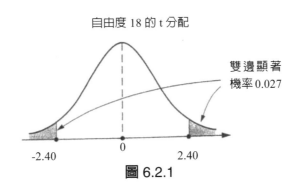

自由度 18 的 t 分配

雙邊顯著
機率 0.027

-2.40　　0　　2.40

圖 6.2.1

6.3 利用 SPSS 的 Wilcoxon 等級和檢定

步驟 1 表 6.1.1 的數據輸入時，從分析 (A) 的舊式對話框清單中如下選擇：

步驟 2 將治療效果移到檢定變數清單 (T) 的方框中，心理療法移到分組變數 (G) 的方框中，按一下定義群組 (D)。

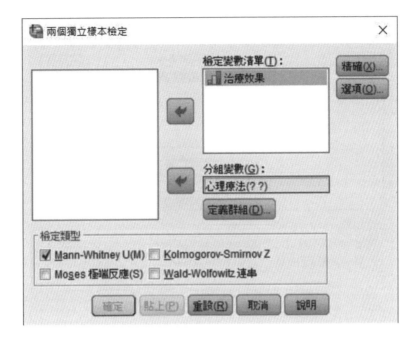

步驟 3　　變成定義群組的畫面時，如下輸入後按 繼續。

步驟 4　　確認分組變數 (G) 的地方變成心理治療法 (1 2) 後，按 確定。

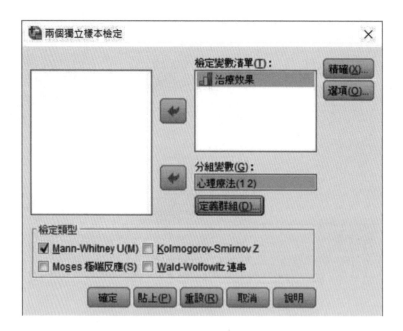

【SPSS 輸出】——2 個獨立樣本的檢定

→ NPar 檢定

Mann-Whitney 檢定

等級

	心理療法	個數	等級平均數	等級總和
治療效果	心理療法A	10	7.85	78.50
	心理療法B	10	13.15	131.50
	總和	20		

檢定統計量[b]

	治療效果	
Mann-Whitney U 統計量	23.500	←①
Wilcoxon W 統計量	78.500	←②
Z 檢定	-2.073	
漸近顯著性 (雙尾)	.038	←③
精確顯著性 [2*(單尾顯著性)]	.043[a]	

a. 未對等值結做修正。

b. 分組變數：心理療法

【輸出結果的判讀】—— 2 個獨立樣本的檢定

① Mann-Whitney 的 U
Mann-Whitney 檢定的檢定統計量 U 是 23.5。

② Wilcoxon 的 W
Wilcoxon 的等級和檢定的檢定統計量 W 是 78.5，
2 個檢定統計量 U 與 W 之間有如下關係：
$$23.5 = 78.5 - \frac{10 \times (10 + 1)}{2}$$

③ Wilcoxon 的等級和檢定
假設 H_0：心理療法 A 與心理治療法 B 的治療效果相同。
顯著機率 0.038 ＜顯著機率 0.05
假設 H_0 被捨棄。
因此，心理療法 A 心理療法 B 的治療效果知有差異。

6.4 SPSS —— 相關 (有對應) 樣本的 t 檢定

以下的資料是針對 10 位受試者，於進行心理療法的前與後調查強迫性人格障礙的程度所得之結果。

想分析的事情是

「心理療法前與心理療法後，強迫性人格障礙的程度能否看出差異」。

表 6.4.1

NO.	心理療法前	心理療法後
1	1	4
2	3	4
3	3	5
4	4	4
5	2	4
6	3	5
7	3	3
8	3	2
9	2	5
10	2	2

（註）您出現在人前是否覺得可怕呢？

1. 相當可怕
2. 可怕
3. 稍微可怕
4. 不太可怕
5. 完全不可怕

【數據輸入類型】

表 6.4.1 的資料如下輸入。

	心療法前	心療法後	var	var	var	var	var	var	var	var	var	var
1	1	4										
2	3	4										
3	3	5										
4	4	4										
5	2	4										
6	3	5										
7	3	3										
8	3	2										
9	2	5										
10	2	2										

	心療法前	心療法後	var	var	var	var	var	var	var	var	var
1	相當可怕	不太可怕									
2	略微可怕	不太可怕									
3	略微可怕	完全不可怕									
4	不太可怕	不太可怕									
5	可怕	不太可怕									
6	略微可怕	完全不可怕									
7	略微可怕	略微可怕									
8	略微可怕	可怕									
9	可怕	完全不可怕									
10	可怕	可怕									

（註）有對應的數據時，要注意數據的輸入方式。

相同受試者的測量值要橫向輸入。

【相關樣本的 t 檢定步驟】

步驟 1　表 6.4.1 的資料輸入時，從分析 (A) 的清單中如下選擇。

步驟 2　變成了配對樣本的 T 檢定畫面時,將心理療法前與心理療法後移到配對變數 (V) 的方框中。最後按確定。

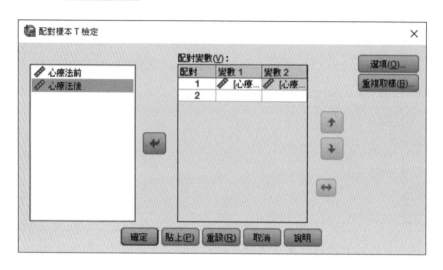

【SPSS 的輸出】 —— 相關樣本的 t 檢定

▸T 檢定

成對樣本統計量

		平均數	個數	標準差	平均數的標準誤
成對 1	心療法前	2.60	10	.843	.267
	心療法後	3.80	10	1.135	.359

成對樣本相關

		個數	相關	顯著性
成對1	心療法前 和 心療法後	10	.023	.949

成對樣本檢定

		成對變數差異					t	自由度	顯著性 (雙尾)
		平均數	標準差	平均數的標準誤	差異的95% 信賴區間 下界	上界			
成對1	心療法前 - 心療法後	-1.200	1.398	.442	-2.200	-.200	-2.714	9	.024

①

【輸出結果的判讀】 ── 相關樣本的 t 檢定

① 有對應的 2 個母平均之差的檢定

假設 H_0：進行心理療法前與後看不出在強迫性人格障礙的症狀上差異。

顯著機率 0.024 ＜ 顯著水準 0.05

假設 H_0 被否定。

因此，得知因進行此心理療法可以看出在強迫性人格障礙的症狀上有差異。

6.5 利用 SPSS 的無母數檢定（相關時）

步驟 1　表 6.4.1 的資料輸入時，從分析 (A) 的清單中如下選擇。

步驟 2　變成兩個相關樣本的檢定畫面時，將心理療法前與心理療法後，移到欲檢定之配對變數的清單 (T) 的方框中。

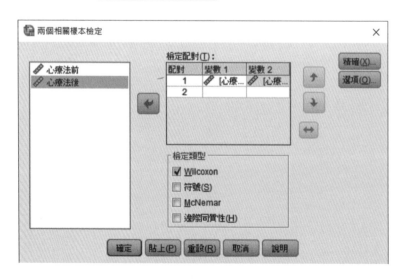

步驟 3　確認檢定類型是 Wilcoxn 檢定之後，按 確定 。

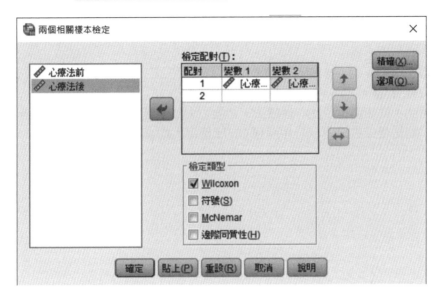

【**SPSS 輸出**】──2 個相關樣本的檢定

NPar 檢定

Wilcoxon 符號等級檢定

等級

		個數	等級平均數	等級總和
心療法後 - 心療法前	負等級	1[a]	1.50	1.50
	正等級	6[b]	4.42	26.50
	等值結	3[c]		
	總和	10		

a. 心療法後 < 心療法前
b. 心療法後 > 心療法前
c. 心療法後 = 心療法前

檢定統計量[b]

	心療法後 - 心療法前
Z 檢定	-2.136[a]
漸近顯著性 (雙尾)	.033

←①

a. 以負等級為基礎。
b. Wilcoxon 符號等級檢定

【輸出結果的判讀】──2 個相關樣本的檢定

① Wilcoxon 的符號等級檢定

　　假設 H_0：在進行心理療法前與行心理療法後，在強迫性人格障礙的症狀上看不出差異。

　　顯著機率 0.033 ＜ 顯著水準 0.05

　　假設 H_0 被否定。

　　因此，得知進行了此心理療法，在強迫人格障礙的症狀上可以看出差異。

　　不管是無母數檢定或是相關樣本的 t 檢定，均有相同的結論。

第 7 章
變異數分析・無母數檢定——
比較多種治療效果

本章內容

7.1 單因子的變異數分析

以下的資料是針對是否已關窗戶一事，亦即一日中有數次會不自覺地認為如未確認就會覺得不對勁的 30 位強迫性人格障礙者，進行心理治療法 A、心理治療法 B、心理治療法 C 所得之結果。

表 7.1.1 3 種治療效果

NO.	治療效果		NO.	治療效果		NO.	治療效果
1	1		11	4		21	3
2	3		12	2		22	3
3	1		13	5		23	4
4	4		14	3		24	5
5	2		15	4		25	2
6	3		16	4		26	4
7	3		17	3		27	3
8	3		18	2		28	4
9	2		19	5		29	5
10	2		20	3		30	3

（註）有對應時，利用〔重複量數進行變異數分析〕。

　　症狀的程度
　　1. 比開始心理治療法前更為嚴重
　　2. 比開始心理治療法前略為嚴重
　　3. 不改變
　　4. 開始心理治療法後略有好轉
　　5. 開始心理治療法後略有好轉

想分析的事情是？

1. 想調查 3 種心理治療法 A、B、C 的治療效果是否相同，
2. 治療效果如有差異時，想知道哪種心理療法與哪種心理療法之間有差異。

此時可以考慮如下的統計處理。

■ 統計處理 1

進行單因子的變異數分析，調查 3 組 A、B、C 之間有無差異。

■ 統計處理 2

當不知道母體的常態性或等變異性是否成立時，進行無母數的變異數分析。

■ 統計處理 3

若已知組間有差異時，在進行多重比較，調查哪一種與哪一組之間有差異。

撰寫論文時

1. 單因子的變異數分析時
   「……首先進行等變異性（同質性）的檢定，確認等變異性成立。
   其次，進行單因子的變異數分析之後，F 值是 4.385，顯著機率是 0.022，因之得知心理治療法 A、B、C 之間有差異。
   接著，利用 Tukey 的方法進行多重比較後，發現出心理治療 A 與 C 之間有顯著差異。因此，……」

2. 無母數的變異數分析時
   「……進行 Kruskal‧Wallis 檢定後，卡方值是 6.706，漸近顯著水準 0.035，因之得知心理療法 A、B、C 之間有顯著差異。由此事知……」

3. 無母數的變異數分析時，針對 2 個組的組合進行 Wilcoxon 順位和檢定，再利用 Bonferroni 的修正進行多重比較。

【數據輸入類型】

表 7.1.1 的資料如下輸入。

	心理療法	治療效果	var	var	var	var	var	var	var	var	var
1	1	1									
2	1	3									
3	1	1									
4	1	4									
5	1	2									
6	1	3									
7	1	3									
8	1	3									
9	1	2									
10	1	2									
11	2	4									
12	2	2									
13	2	5									
14	2	3									
15	2	4									
16	2	4									
17	2	3									
18	2	2									

	心理療法	治療效果	var	var	var	var	var	var	var	var	var
1	心理療法	1									
2	心理療法A	3									
3	心理療法A	1									
4	心理療法A	4									
5	心理療法A	2									
6	心理療法A	3									
7	心理療法A	3									
8	心理療法A	3									
9	心理療法A	2									
10	心理療法A	2									
11	心理療法B	4									
12	心理療法B	2									
13	心理療法B	5									
14	心理療法B	3									
15	心理療法B	4									
16	心理療法B	4									
17	心理療法B	3									
18	心理療法B	2									

7.2 利用 SPSS 的單因子變異數分析與多重比較

步驟 1　表 7.1.1 的資料輸入時，從分析 (A) 的清單中如下選擇。

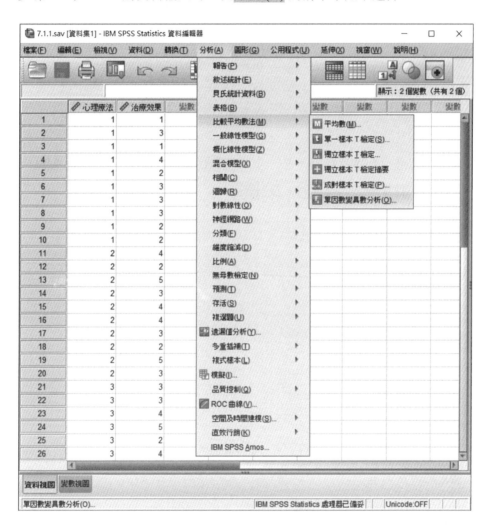

步驟 2　變成單因子變異數分析的畫面時，將治療效果移到依變數清單 (E) 的方框中，心理療法移到因子 (F) 的方框中。接著……

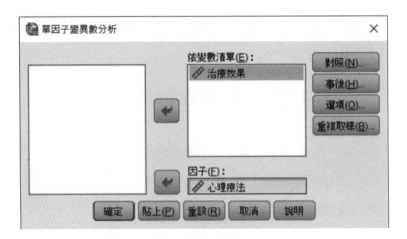

步驟 3 想進行多重比較時，按一下事後 (H) 檢定，如下勾選後按 繼續 ，
回到步驟 2 的畫面時，按 確定 。

步驟 4 想進行變異性同質性的檢定時，按一下選項 (O) ，如下勾選後，按
繼續 ，回到步驟 2 的畫面時，按 確定 。

【**SPSS 輸出・1**】——單因子變異數分析

▸**單因子**

變異數同質性檢定

治療效果

Levene 統計量	分子自由度	分母自由度	顯著性
.141	2	27	.869

←①

ANOVA

治療效果

	平方和	自由度	平均平方和	F檢定	顯著性
組間	8.867	2	4.433	4.385	.022
組內	27.300	27	1.011		
總和	36.167	29			

←②

【輸出結果的判讀．1】—— 單因子變異數分析

① Levene 的等變異數（同質性）檢定
假設 H_0：3 種心理療法 A、B、C 中治療效果的變異並無差異。
顯著水準 0.869> 顯著水準 0.05
假設 H_0 無法否定。
因此，3 種心理療法 A、B、C 中治療效果的變異數可以想成均相等。

② 單因子的變異數分析
假設 H_0：3 種心理療法 A、B、C 中治療效果相同。
顯著水準 0.022< 顯著水準 0.05
假設 H_0 被否定。
因此，得知 3 種心理療法 A、B、C 的治療效果有差異。

【SPSS 輸出．2】—— 單因子變異數分析

多重比較

依變數：治療效果

	(I) 心理療法	(J) 心理療法	平均差異 (I-J)	標準誤	顯著性	95% 信賴區間 下界	95% 信賴區間 上界	
Tukey HSD	心理療法A	心理療法B	-1.100	.450	.054	-2.21	.01	
		心理療法C	-1.200*	.450	.033	-2.31	-.09	← ③
	心理療法B	心理療法A	1.100	.450	.054	-.01	2.21	
		心理療法C	-.100	.450	.973	-1.21	1.01	
	心理療法C	心理療法A	1.200*	.450	.033	.09	2.31	
		心理療法B	.100	.450	.973	-1.01	1.21	
Bonferroni 法	心理療法A	心理療法B	-1.100	.450	.064	-2.25	.05	
		心理療法C	-1.200*	.450	.038	-2.35	-.05	
	心理療法B	心理療法A	1.100	.450	.064	-.05	2.25	← ④
		心理療法C	-.100	.450	1.000	-1.25	1.05	
	心理療法C	心理療法A	1.200*	.450	.038	.05	2.35	
		心理療法B	.100	.450	1.000	-1.05	1.25	

*. 在 .05 水準上的平均差異很顯著。

【輸出結果的判讀．2】—— 單因子變異數分析

③ 利用 Tukey 方法的多重比較
有 * 記號的組合是有顯著差。
因此，得知
心理療法 A 與心理療法 C 之間有顯著差。

④ 利用 Bonferroni 方法的多重比較
有 * 記號的組合是有顯著差。

因此，得知
心理療法 A 與心理療法 C 之間有顯著差。
但是……
多重比較時，心理療法 A 與心理療法 B 之間雖無差異，但回想「t 檢定時，心理療法 A 與 B 之間有差異」，因之多重比較仍是非常重要的。

7.3 SPSS——Kruskal・Wallis 檢定

步驟 1 表 7.1.1 的資料輸入時，從分析 (A) 的清單中如下選擇。

步驟 2 變成多個獨立樣本的檢定畫面時，將治療效果移到檢定變數清單 (T) 中，心理療法移到分組變數 (G) 的方框中，按一下定義範圍 (D)。

步驟 3　將組別變數的水準範圍如下輸入後，按 繼續。

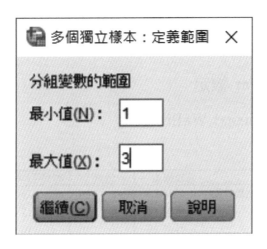

步驟 4　確認分組變數 (G) 的方框中，變成心理療法 (1 3) 時，按 確定。

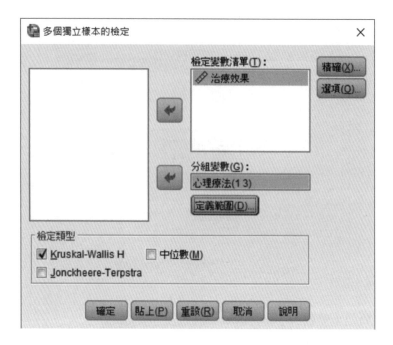

【SPSS 的輸出】——K 個獨立樣本的檢定

→ NPar 檢定

Kruskal-Wallis 檢定

等級

	心理療法	個數	等級平均數
治療效果	心理療法A	10	9.85
	心理療法B	10	17.90
	心理療法C	10	18.75
	總和	30	

檢定統計量[a,b]

	治療效果
卡方	6.706
自由度	2
漸近顯著性	.035

←①

a. Kruskal Wallis 檢定
b. 分組變數：心理療法

【輸出結果的判讀】——K 個獨立樣本的檢定

① Kruskal‧Wallis 檢定

假設 H_0：3 種心理療法 A、B、C 的治療效果相同。

顯著水準 0.035< 顯著水準 0.05

假設 H_0 被否定。

因此，3 種心理療法 A、B、C 的治療效果知有差異。

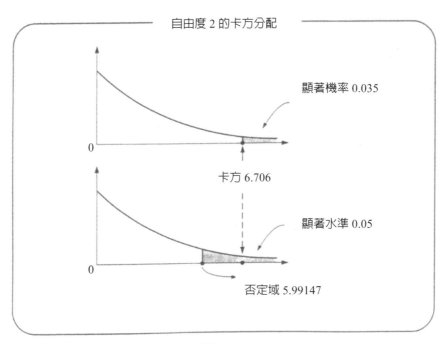

圖 7.3.1

7.4 SPSS——交互作用與下位檢定（重複數相等時）

以下的資料是二元配置的資料。
取各方格的平均值，將之表現成圖形時，即為下圖。

表 7.4.1

A \ B	B₁	B₂	B₃
A₁	13.2 15.7 11.9	16.1 15.7 15.1	9.1 10.3 8.2
A₂	22.8 25.7 18.5	24.5 21.2 24.2	11.9 14.3 13.7
A₃	21.8 26.3 32.1	26.9 31.3 28.3	15.1 13.6 16.2
A₄	25.7 28.8 29.5	30.1 33.8 29.6	15.2 17.3 14.8

＊此數據的重複數相同

測量值的估計邊緣平均數

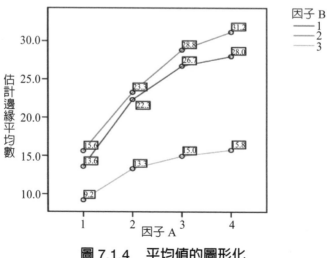

圖 7.1.4　平均值的圖形化

【數據輸入類型】

表 7.4.1 的資料，如下輸入。

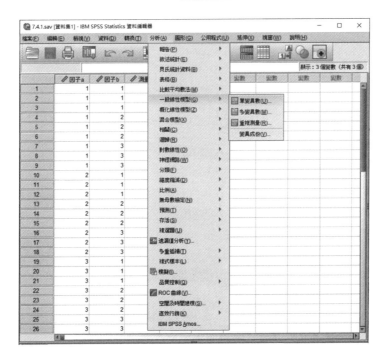

【交互作用的步驟】

步驟 1　輸入表 7.4.1 的資料時，從分析 (A) 的清單中如下選擇。

步驟 2 變成單變量的畫面時，將測量值移到應變數 (D) 的方框中。

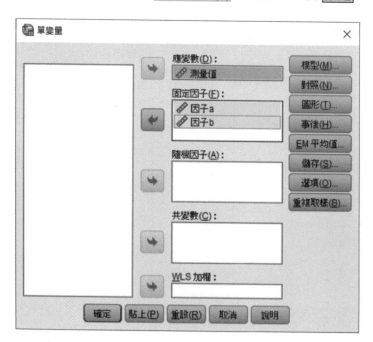

步驟 3 將因子 A、因子 B 移到固定因子 (F) 的方框時，按 確定 。

【SPSS 輸出‧1】──有交互作用的檢定

➡ 單變量的變異數分析

受試者間因子

		個數
因子a	1	9
	2	9
	3	9
	4	9
因子b	1	12
	2	12
	3	12

受試者間效應項的檢定

依變數：測量值

來源	型 III 平方和	自由度	平均平方和	F 檢定	顯著性	
校正後的模式	1777.616[a]	11	161.601	28.651	.000	
截距	14742.007	1	14742.007	2613.702	.000	
因子a	798.207	3	266.069	47.173	.000	
因子b	889.521	2	444.760	78.854	.000	←①
因子a ＊ 因子b	89.888	6	14.981	2.656	.040	
誤差	135.367	24	5.640			
總和	16654.990	36				
校正後的總數	1912.983	35				

a. R 平方 = .929 (調過後的 R 平方 = .897)

【輸出結果判讀‧1】──有交互作用的檢定

① 交互作用的檢定

　　假設 H_0：2 個因子 A、B 之間不存在交互作用

　　顯著機率 0.040 < 顯著水準 0.05

　　假設 H_0 被否定。

　　因此，2 個因子之間存在有交互作用。

　　此即爲問題 1 的回答。

　　其次，進入到下位檢定的問題 2。

（註）交互作用存在時，使用雙因子的變異數分析之誤差，按各水準進行單
　　　因子的變異數分析，此事稱爲下位檢定。

【下位檢定的步驟】

步驟 4　再一次從分析 (A) 的清單中如下選單。

步驟 5　變成單變量的畫面時，按一下貼上 (P) 語法。

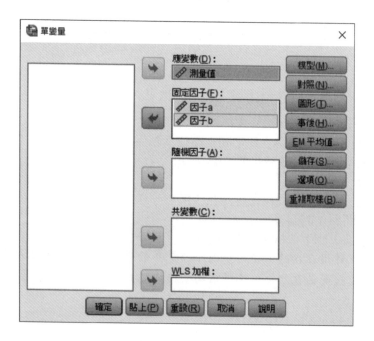

步驟 6　於是，出現如下語法。

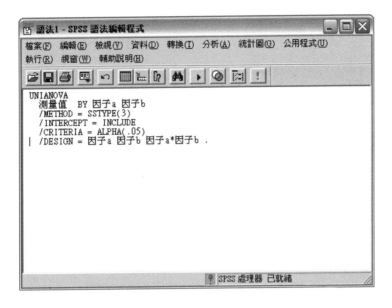

步驟 7　因此，在語法中追加以下 1 列。

1 EMMEAN=TABLE（因子 A* 因子 B）COMPARE（因子 A）ADJ
(BONFERRONI)

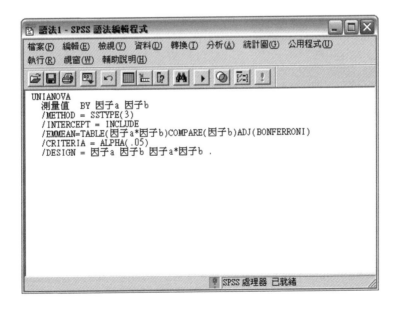

步驟 8　接著，執行如下的語法。

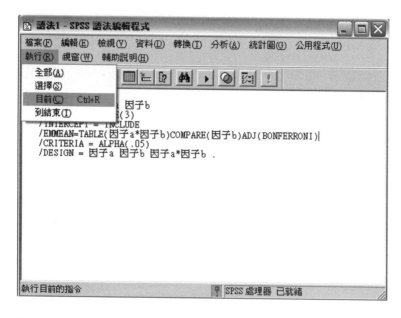

請看使用表 7.1.1 的資料進行其他檢定時的語法。
t 檢定的語法如下。（比較平均數法→獨立樣本 T 檢定）

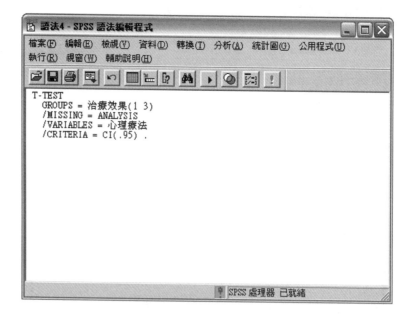

單因子變異數分析的語法如下。（比較平均數法→單因子變異數分析）

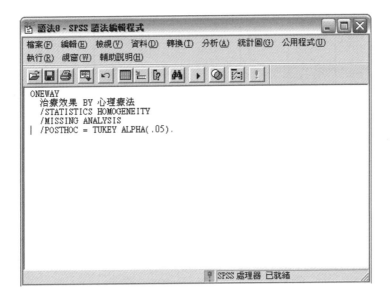

【SPSS 輸出・2】──下位檢定

➡ **單變量的變異數分析**

受試者間因子

		個數
因子a	1	9
	2	9
	3	9
	4	9
因子b	1	12
	2	12
	3	12

受試者間效應項的檢定

依變數:測量值

來源	型 III 平方和	自由度	平均平方和	F 檢定	顯著性
校正後的模式	1777.616ᵃ	11	161.601	28.651	.000
截距	14742.007	1	14742.007	2613.702	.000
因子a	798.207	3	266.069	47.173	.000
因子b	889.521	2	444.760	78.854	.000
因子a * 因子b	89.888	6	14.981	2.656	.040
誤差	135.367	24	5.640		
總和	16654.990	36			
校正後的總數	1912.983	35			

a. R 平方 = .929 (調過後的 R 平方 = .897)

單變量檢定

依變數:測量值

因子a		平方和	自由度	平均平方和	F檢定	顯著性
1	對比	64.882	2	32.441	5.752	.009
	誤差	135.367	24	5.640		
2	對比	182.536	2	91.268	16.181	.000
	誤差	135.367	24	5.640		
3	對比	335.149	2	167.574	29.710	.000
	誤差	135.367	24	5.640		
4	對比	396.842	2	198.421	35.179	.000
	誤差	135.367	24	5.640		

在顯示其他效應項的各水準組合中,因子b多變量簡單效果的一個F檢定。這些檢定是以估計的邊際平均數中的線性自變數成對比較為基礎。

③ ← ②

【輸出結果的判讀・2】——下位檢定

② 在因子 A 的各水準 A_1 , A_2 , A_3 , A_4 中進行因子 B 的單因子變異數分析。

③ 譬如,水準 A_3 變成如下:

假設 H_0:水準 B_1 , B_2 , B_3 之間無差異。

顯著水準 0.000< 顯著水準 0.05

假設 H_0 被否定。

因此,在水準 A_3 的條件下,因子 B 的水準 B_1 , B_2 , B_3 之間有差異。

(註)請注意差異之值!

　　　誤差 =135.367

　　　與二元配置變異數分析的

　　　誤差 =135.367

　　　相一致。

　　　此即為下位檢定之意。

【SPSS 輸出‧3】 —— Bonferroni 的多重比較

成對的比較

依變數　測量值

因子a	(I)因子b	(J)因子b	平均數差異(I-J)	標準誤	顯著性a	差異的95%信賴區間a 下限	上限
1	1	2	-2.033	1.939	.914	-7.024	2.957
		3	4.400	1.939	.098	-.591	9.391
	2	1	2.033	1.939	.914	-2.957	7.024
		3	6.433*	1.939	.009	1.443	11.424
	3	1	-4.400	1.939	.098	-9.391	.591
		2	-6.433*	1.939	.009	-11.424	-1.443
2	1	2	-.967	1.939	1.000	-5.957	4.024
		3	9.033*	1.939	.000	4.043	14.024
	2	1	.967	1.939	1.000	-4.024	5.957
		3	10.000*	1.939	.000	5.009	14.991
	3	1	-9.033*	1.939	.000	-14.024	-4.043
		2	-10.000*	1.939	.000	-14.991	-5.009
3	1	2	-2.100	1.939	.869	-7.091	2.891
		3	11.767*	1.939	.000	6.776	16.757	← ⑤
	2	1	2.100	1.939	.869	-2.891	7.091
		3	13.867*	1.939	.000	8.876	18.857
	3	1	-11.767*	1.939	.000	-16.757	-6.776
		2	-13.867*	1.939	.000	-18.857	-8.876
4	1	2	-3.167	1.939	.347	-8.157	1.824
		3	12.233*	1.939	.000	7.243	17.224
	2	1	3.167	1.939	.347	-1.824	8.157
		3	15.400*	1.939	.000	10.409	20.391
	3	1	-12.233*	1.939	.000	-17.224	-7.243
		2	-15.400*	1.939	.000	-20.391	-10.409

← ④

以可估計的邊際平均數爲基礎

*. 在水準 .05 的平均數差異顯著。

a. 多重比較調整：Bonferroni。

【輸出結果的判讀‧3】 —— Bonferroni 的多重比較

④ 在因子 A 的各水準 A_1, A_2, A_3, A_4 中進行因子 B 的 3 水準 B_1, B_2, B_3 的多重比較。

⑤ 譬如，在水準 A_3 的條件下，
水準 B_1 與水準 B_3 之間有差異。
水準 B_2 與水準 B_3 之間有差異。

Note

第 8 章
複迴歸分析 —— 尋找測量結果的要因

本章內容

8.1 複迴歸分析

以下的資料是針對 3 種類型 A、B、C 的受試者 30 人,測量「對某刺激的反應時間」所得之結果。

表 8.1.1

No.	測量值	類型	邏輯性	感情性	行動性
1	9.7	C	3	1	3
2	8.5	C	5	1	1
3	3.0	A	1	4	5
4	7.9	B	4	3	3
5	3.5	B	2	1	5
.	.	.	.	.	.
.	.	.	.	.	.
29	6.8	B	4	2	3
30	6.5	B	3	2	3

想分析的事情是?

1. 對反應時間有影響的要因,是邏輯性、感情性、行動性之中的何者。
2. 3 種類型(性急型、攻擊型、內向型)的反應時間是否有差異。

此時,可以考慮如下的統計處理:

■ 統計處理 1

進行複迴歸分析,求出迴歸式。

■ 統計處理 2

調查偏迴歸係數或標準迴歸係數的大小。

■ 統計處理 3

檢定偏迴歸係數,調查自變數對預測有無幫助。

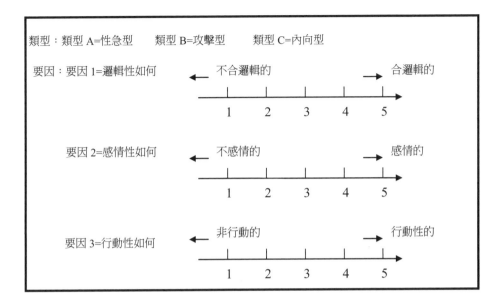

撰寫論文時

1. 複迴歸分析時：

「……將測量值取成依變數，類型 A、類型 B、類型 C，邏輯性、感情性、行動性取成自變數，進行複迴歸分析之後，感情性與行動性的顯著機率是 0.05 以下。因此，感情性與行動性可以認為對反應時間有影響。另外，此複迴歸分析的判定係數是 0.689，調整後判定係數是 0.624，因之複迴歸式的適配並不太壞，因此……」

【數據輸入類型】

表 8.1.1 的資料如下輸出：

	測量值	類型a	類型b	類型c	邏輯的	感情的	行動的	變數
1	9.7	0	0	1	3	1	3	
2	8.5	0	0	1	5	1	1	
3	3.0	1	0	0	1	4	5	
4	7.9	0	1	0	4	3	3	
5	3.5	0	1	0	2	1	5	
6	5.4	1	0	0	1	4	2	
7	7.6	0	1	0	3	2	3	
8	4.2	1	0	0	2	5	5	
9	5.1	0	0	1	5	5	3	
10	7.5	0	0	1	5	3	2	
11	3.6	1	0	0	3	4	4	
12	5.5	0	0	1	2	3	2	
13	6.4	0	0	1	1	3	4	
14	6.7	1	0	0	5	4	2	
15	8.7	0	1	0	3	2	1	
16	5.8	1	0	0	1	2	4	
17	8.2	0	0	1	4	3	4	
18	2.4	0	1	0	2	5	5	
19	5.7	0	1	0	4	1	2	
20	3.3	1	0	0	3	4	5	
21	4.7	1	0	0	4	4	3	
22	8.7	0	0	1	4	2	4	
23	4.5	0	1	0	4	3	4	
24	4.7	0	1	0	2	5	3	
25	3.4	1	0	0	2	4	5	
26	9.3	0	0	1	5	2	2	

（註 1）名義變數時要利用虛擬變數，但進行分析時為了避免多重共線性，將其中的一個虛擬變數從分析除去。

（註 2）使用變數檢視的標記時更容易了解。

8.2 利用 SPSS 的複迴歸分析

步驟 1　將表 8.1.1 的資料輸入時，如下選擇。

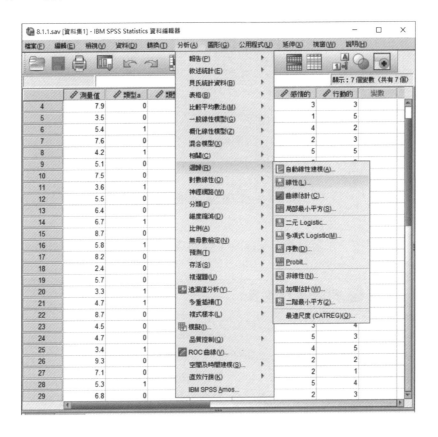

步驟 2　將測量值移到應變數 (D)，類型 A、類型 B、類型 C，邏輯性、感情性、行動性移到自變數 (I)，然後按 確定。

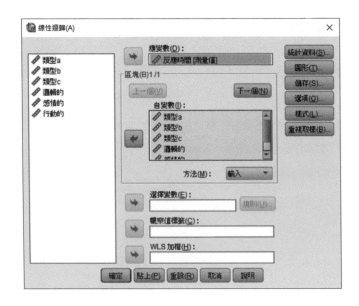

步驟 3 但如按一下統計資料 (S) 時，會變成如下畫面。按一下繼續。

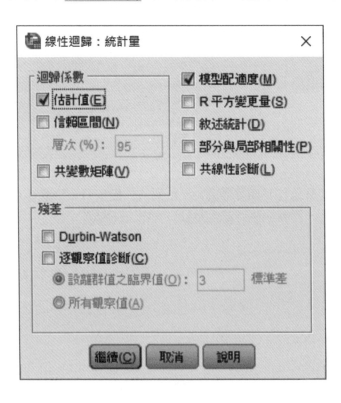

步驟 4　按一下儲存 (A) 時，變成如下畫面。如下勾選後按繼續。

```
┌─ 線性迴歸：儲存 ──────────────────────────────  ✕ ─┐

  ┌─ 預測值 ─────────────────┐  ┌─ 殘差(R) ─────────────────┐
  │ ☑ 未標準化(U)            │  │ ☐ 未標準化(N)            │
  │ ☐ 標準化(R)             │  │ ☐ 標準化(A)             │
  │ ☐ 已調整(J)             │  │ ☐ Student 化(S)          │
  │ ☐ 平均值預測的標準誤(P)  │  │ ☐ 已刪除(L)             │
  │                          │  │ ☐ Student 化刪除(E)      │
  └──────────────────────────┘  └──────────────────────────┘

  ┌─ 距離 ───────────────────┐  ┌─ 影響統計量 ───────────────┐
  │ ☑ Mahalanobis(H)         │  │ ☐ DfBeta                 │
  │ ☑ Cook's(K)              │  │ ☐ 標準化 DfBeta(Z)        │
  │ ☑ 槓桿值(G)             │  │ ☐ DfFit                  │
  └──────────────────────────┘  │ ☐ 標準化 DfFit           │
  ┌─ 預測區間 ───────────────┐  │ ☐ 共變數比例(V)          │
  │ ☐ 平均值(M)  ☐ 個別(I)   │  │                          │
  │ 信賴區間(C)：    95   %   │  └──────────────────────────┘
  └──────────────────────────┘

  ┌─ 係數統計量 ─────────────────────────────────────┐
  │ ☐ 建立係數統計量(O)                              │
  │   ◉ 建立新資料集                                 │
  │       資料集名稱(D)：[              ]            │
  │   ◉ 寫入新資料檔                                 │
  │       [ 檔案(L)... ]                             │
  └──────────────────────────────────────────────────┘

  ┌─ 將模型資訊匯出至 XML 檔案 ───────────────────────┐
  │ [                        ]  [ 瀏覽(W)... ]       │
  │ ☑ 包含共變數矩陣(X)                              │
  └──────────────────────────────────────────────────┘

         [ 繼續(C) ]  [ 取消 ]  [ 說明 ]
```

（註）調查預測值時勾選未標準化。
　　　調查偏離值時勾選距離的 3 者。

步驟 5 回到原畫面後按確定。

【SPSS 輸出‧1】——複迴歸分析（線性）

模式摘要[b]

模式	R	R 平方	調過後的 R 平方	估計的標準誤	
1	.830[a]	.689	.624	1.2497	←①

a. 預測變數：(常數), 行動的, 類型b, 邏輯的, 感情的, 類型a

b. 依變數：反應時間

變異數分析[b]

模式		平方和	自由度	平均平方和	F 檢定	顯著性	
1	迴歸	82.866	5	16.573	10.612	.000[a]	←②
	殘差	37.481	24	1.562			
	總和	120.347	29				

a. 預測變數：(常數), 行動的, 類型b, 邏輯的, 感情的, 類型a

b. 依變數：反應時間

【輸出結果的判讀 · 1】——複迴歸分析（線性）

① R 是複相關係數

　　$0 \leq R \leq 1$

　　R 之值愈接近 1，複迴歸式對數據愈適配。

　　R 平方是判定係數。

　　$0 \leq R^2 \leq 1$

　　R 平方之值愈接近 1，複迴歸式對數據愈適配。

② 複迴歸的變異數分析表

　　假設 H_0：所求出的複迴歸式對預測沒有幫助。

　　顯著水準 0.000< 顯著水準 0.05。

　　假設 H_0 被否定。

　　因此，所求出的複迴歸式對預測有幫助。

【SPSS 輸出 · 2】——複迴歸式（線性）

■ **類型 A 與類型 B**

係數[a]

模式		未標準化係數		標準化係數	t	顯著性	共線性統計量	
		B 之估計值	標準誤	Beta 分配			允差	VIF
1	(常數)	9.246	1.078		8.579	.000		
	類型b	-1.237	.679	-.291	-1.822	.081	.508	1.969
	類型c	-1.283	.573	-.302	-2.237	.035	.713	1.403
	邏輯的	.312	.187	.207	1.672	.108	.845	1.183
	感情的	-.565	.213	-.368	-2.647	.014	.673	1.487
	行動的	-.510	.215	-.320	-2.377	.026	.716	1.396

a. 依變數：反應時間

■ **類型 A 與類型 C**

係數[a]

模式		未標準化係數		標準化係數	t	顯著性	共線性統計量	
		B 之估計值	標準誤	Beta 分配			允差	VIF
1	(常數)	7.963	1.109		7.183	.000		
	類型b	.045	.639	.011	.071	.944	.573	1.744
	邏輯的	.312	.187	.207	1.672	.108	.845	1.183
	感情的	-.565	.213	-.368	-2.647	.014	.673	1.487
	行動的	-.510	.215	-.320	-2.377	.026	.716	1.396
	類型c	1.283	.573	.302	2.237	.035	.713	1.403

a. 依變數：反應時間

■ 類型 B 與類型 C

係數ª

模式		未標準化係數		標準化係數	t	顯著性	共線性統計量	
		B 之估計值	標準誤	Beta 分配			允差	VIF
1	(常數)	8.009	1.253		6.391	.000		
	邏輯的	.312	.187	.207	1.672	.108	.845	1.183
	感情的	-.565	.213	-.368	-2.647	.014	.673	1.487
	行動的	-.510	.215	-.320	-2.377	.026	.716	1.396
	類型a	1.237	.679	.291	1.822	.081	.508	1.969
	類型b	-.045	.639	-.011	-.071	.944	.573	1.744

← ⑤

a. 依變數：反應時間

【輸出結果的判讀・2】 —— 複迴歸式（線性）

① 偏迴歸係數的檢定

顯著機率之值比 0.05 小的自變數可以認為對依變數有影響。

因之，感情性、行動性對反應時間可以認為有影響。

② 但是，虛擬變數類型 B 的顯著水準也在 0.05 以下，但在……輸出中，顯著機率比 0.05 大。

亦即，有關虛擬變數的顯著機率的解釋上需要注意，此分析是以類型 C 為基礎。

因此，類型 B 的顯著機率在 0.05 以下，因之可以解釋為「類型 B 的反應時間與類型 C 的反應時間相比是有差異的」。

類型 A 的顯著機率因比 0.05 大，因之可解釋為「類型 A 的反應時間與類型 C 的反應時間相比不能說有差異」。

第 9 章
Logistic 迴歸分析 —— 預測機率

本章内容

9.1 Logistic 迴歸分析

以下的資料是統計 30 位受試者，就「家庭生活壓力、看護的壓力、工作的壓力與憂鬱狀態」所調查的結果。

表 9.1.1

NO.	憂鬱狀態	性別	家庭生活壓力	看護的壓力	工作的壓力
1	2	2	4	5	3
2	2	2	2	3	4
3	1	1	2	3	1
4	1	2	4	3	4
5	1	2	3	3	2
.	.	.	.	.	.
.	.	.	.	.	.
.	.	.	.	.	.
30	2	1	3	5	2

（註）

* 憂鬱狀態
  1. 輕度　2. 重度
* 性別
  1. 男性　2. 女性
* 家庭生活壓力
  1. 無　2. 幾乎無　3. 略有　4. 有　5. 頗有
* 看護的壓力
  1. 無　2. 幾乎無　3. 略有　4. 有　5. 頗有
* 工作的壓力
  1. 無　2. 幾乎無　3. 略有　4. 有　5. 頗有

想分析的事情是？

1. 女性與男性的重度憂鬱狀態的風險有何不同？
2. 因看護壓力造成重度憂鬱狀態的風險如何？
3. 女性中看護壓力大的人造成重度憂鬱狀態之機率是多少？

此時，可以考慮如下的統計處理：

■ 統計處理 1

調查性別的勝算比。

■ 統計處理 2

調查看護壓力的勝算比。

■ 統計處理 3

利用 Logistic 迴歸式，計算女性中看護壓力大的人造成重度憂鬱狀態的預測機率。

撰寫論文時

1. Logistic 迴歸分析時：

「……進行 Logistic 迴歸分析之後，顯著機率在 0.05 以下的變數是看護壓力。

因此，將憂鬱性狀態有影響之要因，知看護壓力的可能性甚高。

另外，工作壓力的勝算比是 4.749 也很大，工作的壓力程度每增加一單位，憂鬱性的風險可以想成大約是 4.749 倍。

另外，女性中家庭壓力是 4，看護壓力是 3，工作壓力是 4 時，造成重度憂鬱狀態的機率知是 0.95137。

由此事可以判讀出……」

【數據輸入類型】

表 9.1.1 的數據如下輸入：

	憂鬱性	性別	家庭	看護	工作	Var	Var	Var	Var	Var	Var
1	2	1	4	5	3						
2	2	1	2	3	4						
3	1	0	2	3	1						
4	1	1	4	3	4						
5	1	1	3	3	2						
6	2	1	3	3	5						
7	2	0	4	5	3						
8	1	0	1	3	3						
9	1	0	2	2	2						
10	2	1	3	3	3						
11	1	0	3	5	4						
12	1	0	3	2	3						
13	1	0	2	3	3						

	憂鬱性	性別	家庭	看護	工作	Var	Var	Var	Var	Var	Var
1	重度	男性	有	頗有	略有						
2	重度	男性	幾乎無	略有	有						
3	輕度	0	幾乎無	略有	無						
4	輕度	男性	有	略有	有						
5	輕度	男性	略有	略有	幾乎無						
6	重度	男性	略有	略有	頗有						
7	重度	0	有	頗有	略有						
8	輕度	0	無	略有	略有						
9	輕度	0	幾乎無	幾乎無	幾乎無						
10	重度	男性	略有	略有	略有						
11	重度	男性	略有	頗有	有						
12	輕度	0	略有	幾乎無	略有						
13	輕度	0	幾乎無	略有	略有						
14	輕度	男性	幾乎無	無	無						
15	輕度	男性	幾乎無	幾乎無	無						

	名稱	類型	寬度	小數	標記	數值	遺漏	欄	對齊	測量
1	憂鬱性	數字的	8	0		{1,輕度}...	無	8	右	尺度
2	性別	數字的	8	0		{1,男性}...	無	8	右	尺度
3	家庭	數字的	8	0	家庭壓力	{1,無}...	無	8	右	尺度
4	看護	數字的	8	0	看護壓力	{1,無}...	無	8	右	尺度
5	工作	數字的	8	0	工作壓力	{1,無}...	無	8	右	尺度
6										
7										
8										
9										
10										

（註）性別之處，以男性＝0，女性＝1 輸入。

9.2 利用 SPSS 的二元 Logistic 迴歸分析

步驟 1　將表 9.1.1 的資料輸入時，從分析 (A) 的清單如下選擇。

步驟 2 變成二元 Logistic 迴歸的畫面時，將憂鬱性移到應變數 (D) 的方框中。

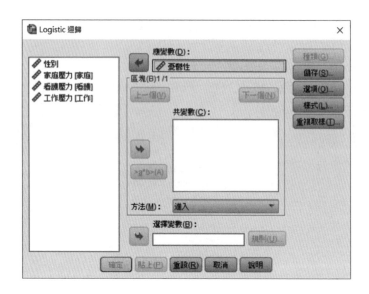

步驟 3 將性別、家庭、看護、工作移到共變數 (C) 的方框中，按一下種類 (G)。

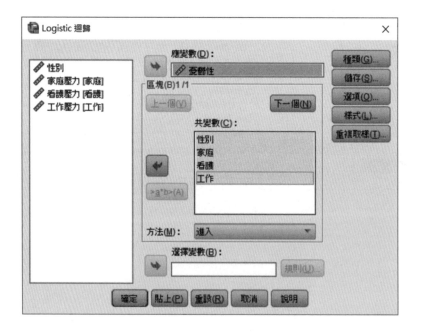

步驟 4　點一下種類 (G) 將性別移到種類共變數 (T) 的方框中，初期設定中因參照類別是最後一個 (L)，所以選擇第一個 (F)，再按一下變更 (H)……

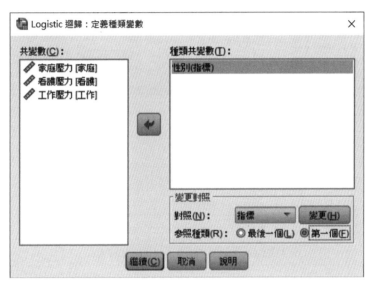

（註）因為想針對男性對比女性的壓力，因之參照類別當成第一個 (F)（男性）。

步驟 5　性別成為如下。接著，按 繼續 。

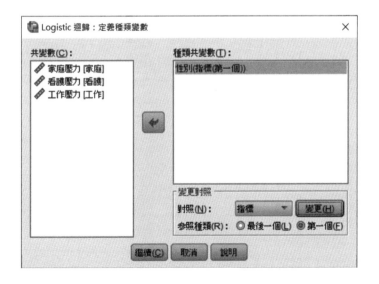

步驟 6 回到以下的畫面時，按一下儲存 (S)。

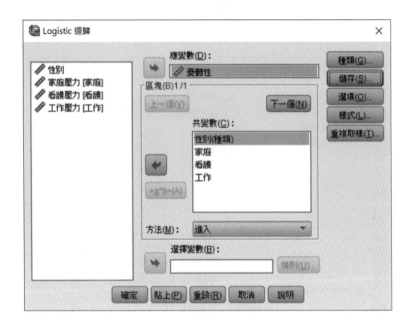

步驟 7 在預測值的地方如下勾選後按 繼續 。回到步驟 6 的畫面時，按一下選項 (O)。

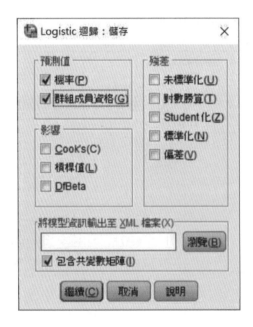

步驟 8　選項的話中如下勾選後按 繼續 。回到步驟 6 的畫面時，按 確定 。

【**SPSS 輸出・1**】──二元 Logistic 迴歸分析

模式摘要

步驟	-2 對數概似	Cox & Snell R 平方	Nagelkerke R 平方
1	14.555ᵃ	.594	.792

a. 因為參數估計值變化小於 .001，所以估計
工作在疊代數 7 時終止。

Hosmer 和 Lemeshow 檢定

步驟	卡方	自由度	顯著性。
1	3.750	7	.808

分類表ᵃ

			預測		
			憂鬱性		
觀察			輕度	重度	百分比修正
步驟1	憂鬱性	輕度	14	1	93.3
		重度	1	14	93.3
	概要百分比				93.3

a. 分割值為 .500

變數在方程式中

		B	S.E.	Wald	自由度	顯著性 ^	Exp(B)
步驟 1ᵃ	性別(1)	2.461	1.968	1.564	1	.211	11.719
	家庭	.536	.569	.887	1	.346	1.709
	看護	2.583	1.210	4.554	1	.033	13.238
	工作	1.558	1.030	2.290	1	.130	4.749
	常數	-15.611	6.541	5.696	1	.017	.000

←① (變數在方程式中表格右側)

a. 在步驟 1 中選入的變數：性別,家庭,看護,工作.

【輸出結果的判讀．1】 —— 二元 Logistic 迴歸分析

① 如觀察顯著機率的地方時，0.05 以下的共變量是看護。因此，對憂鬱狀態影響最大的是看護壓力。

性別的勝算比是 11.719。

此數據中男性 =0、女性 =1，因之與男性相比，女性成為重度憂鬱狀態的風險可以變成大約是 11.7 倍。

【SPSS 輸出．2】 —— 二元 Logistic 迴歸分析

	憂鬱性	性別	家庭	看護	工作	PRE_1	PGR_1	var
1	2	1	4	5	3	.99862	2	
2	2	1	2	3	4	.87017	2	
3	1	0	2	3	1	.00531	1	
4	1	1	4	3	4	.95137	2	
5	1	1	3	3	2	.33674	1	
6	2	1	3	3	5	.98194	2	
7	2	0	4	5	3	.98403	2	
8	1	0	1	3	3	.06584	1	
9	1	0	2	2	2	.00191	1	
10	2	1	3	3	3	.70685	2	
11	2	1	3	5	4	.99950	2	
12	1	0	3	2	3	.01531	1	
13	1	0	2	3	3	.10748	1	
14	1	1	2	1	1	.00036	1	
15	1	1	2	2	1	.00470	1	
16	1	0	1	4	1	.03973	1	
17	2	1	4	2	5	.87530	2	
18	1	0	2	2	3	.00902	1	
19	2	1	5	5	2	.99616	2	
20	2	1	2	2	4	.33612	1	
21	1	0	1	3	3	.06584	1	
22	2	0	5	4	2	.62606	2	
23	2	1	3	5	4	.99950	2	
24	1	0	1	4	2	.16421	1	

② ③

【輸出結果的判讀．2】 —— 二元 Logistic 迴歸分析

②、③是預測機率與預測類別。

如觀察 NO.4 的觀察值時，

性別 = 女性　　家庭壓力 = 4

看護壓力 =3　工作壓力 =4

的人成為重度憂鬱狀態的預測機率知是 0.95137。

此預測機率如下計算：

預測機率設為 p 時，Logistic 迴歸式即為如下：

$\text{Log} \frac{p}{1-p} = 2.401 \times$ 性別 $+ 0.536 \times$ 家庭 $+ 2.583 \times$ 看護 $+ 1.558 \times$ 工作 $-$

15.611

如將

性別 = 1、家庭 = 4、看護 = 3、工作 = 4

代入上式時，

$\text{Log} \frac{p}{1-p} = 2.401 \times 1 + 0.536 \times 4 + 2.583 \times 3 + 1.558 \times 4 - 15.611$

$\text{Log} \frac{p}{1-p} = 2.975$

$\frac{p}{1-p} = \exp(2.975)$

$\qquad = 19.58962$

$p = \frac{19.58962}{1 + 19.58962}$

$\quad = 0.9514$

9.3 利用 SPSS 的多元 Logistic 迴歸分析

步驟 1　如輸入表 9.1.1 的資料時，如下選擇：

步驟 2　變成多元 Logistic 迴歸的畫面時，將憂鬱性移到應變數 (D) 的方框中。接著，按一下參照種類 (N)。

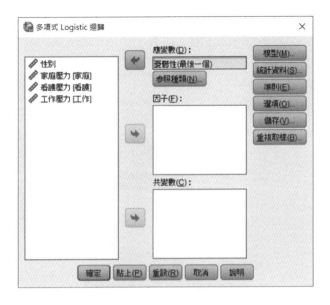

步驟 3　變成參照類別的畫面時，如下選擇按 繼續 。

步驟 4　回到以下畫面時，將性別移到 因子 (F) 的方框，將家庭、看護、工作移到 共變數 (C) 的方框。接著，……

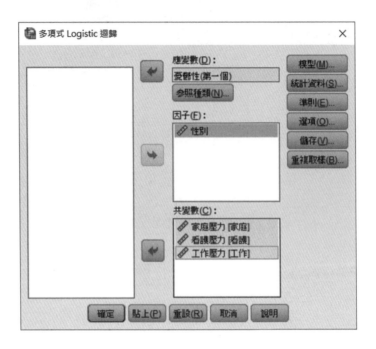

步驟 5　按一下 儲存 (V)，如下勾選後，按 繼續 。

──**模式中含有交互作用時**────────────
按一下步驟 4 之畫面的 模型 (M)，再如下點選之後，在 強制登錄項目 (O)
的方框中即構成模式。

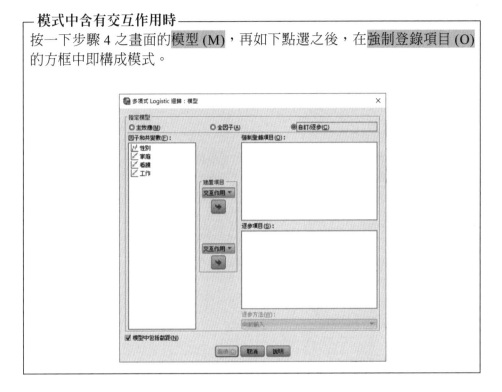

步驟 6　　回到以下畫面時，按一下 確定 。

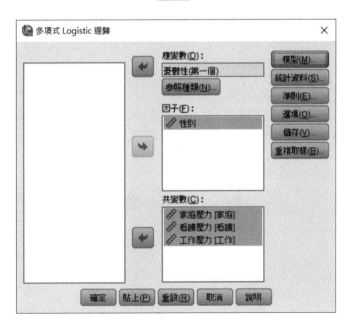

求各種統計量時

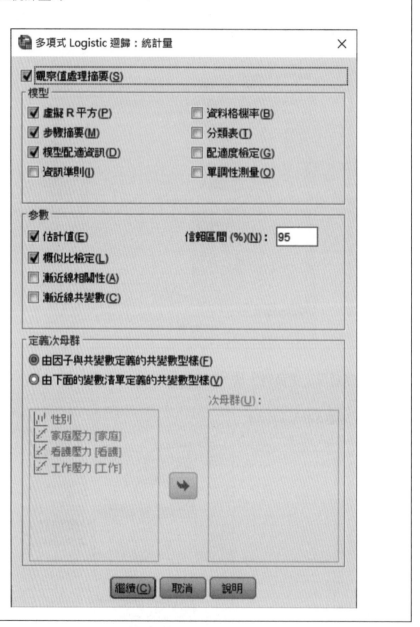

【**SPSS 輸出·1**】──多元 Logistic 迴歸分析

名義迴歸

觀察值處理摘要

		計數	邊緣百分比
憂鬱性	輕度	15	50.0%
	重度	15	50.0%
性別	0	14	46.7%
	男性	16	53.3%
有效		30	100.0%
遺漏		0	
總和		30	
次母群體		28ᵃ	

a. 在 28 (100.0%) 次母群體中只測到一個依變數值。

模型適合度資訊

模型	-2 對數概似	卡方	自由度	顯著性
只截距	41.589			
最後	14.555	27.033	4	.000

假 R 平方

Cox和 Snell	.594
Nagelkerke	.792
McFadden	.650

 ←①

【輸出結果的判讀·1】——多元 Logistic 迴歸分析

① 與二項 Logistic 迴歸分析的模式摘要輸出一致。

【SPSS 輸出·2】——多元 Logistic 迴歸分析

概似比檢定

效果	調降模式的 -2 對數概似	卡方	自由度	顯著性
截距	14.555[a]	.000	0	
家庭	15.506	.951	1	.329
看護	27.782	13.227	1	.000
工作	18.647	4.092	1	.043
性別	16.298	1.743	1	.187

卡方統計量是最後模式和調降模式之間 -2 對數概似的差。調降模式是從最後模式中刪去一個效果。虛無是指該效果的所有參數為 0。

a. 此減少模式與最終模式等值,因為跳過此效果並不會增加自由度數。

參數估計值

憂鬱性[a]		B 估計	標準誤差	Wald	自由度	顯著性	Exp(B)	Exp(B) 的 95% 信賴區間 下界	上界
重度	截距	-13.150	6.249	4.428	1	.035			
	家庭	.536	.569	.887	1	.346	1.709	.560	5.211
	看護	2.583	1.210	4.554	1	.033	13.238	1.235	141.938
	工作	1.558	1.030	2.290	1	.130	4.749	.631	35.730
	[性別=0]	-2.461	1.968	1.564	1	.211	.085	.002	4.037
	[性別=1]	0[b]			0				

a. 參考類別為:輕度。
b. 由於這個參數重複,所以把它設成零。

②

【輸出結果的判讀·2】——多元 Logistic 迴歸分析

② 此輸出看起來似乎與多元 Logistic 迴歸分析略有不同,但事實上是相同的。

在二元 Logistic 迴歸分析的步驟 5 中,參照種類之處是當作(第一個類別(F))如下:

但當作如下（最後一個種類(L)），按 繼續 時，

輸出即為如下。

與二元 Logistic 迴歸分析的輸出結果一致。

變數在方程式中

		B	S.E.	Wald	自由度	顯著性。	Exp(B)
步驟 1ª	性別(1)	-2.461	1.968	1.564	1	.211	.085
	家庭	.536	.569	.887	1	.346	1.709
	看護	2.583	1.210	4.554	1	.033	13.238
	工作	1.558	1.030	2.290	1	.130	4.749
	常數	-13.150	6.249	4.428	1	.035	.000

a. 在步驟 1 中選入的變數：性別, 家庭, 看護, 工作.

第 10 章
類別迴歸分析 —— 調查要因的大小

本章內容

10.1 類別迴歸分析

　　以下的數據是針對 40 位受試者，就「就業壓力的程度、性別、一週工作時數、職場的人際關係、社會支援、壓力應對」所調查的結果。

表 10.1.1

NO.	就業壓力	性別	一週工作時數	職場的人際關係	社會支援	壓力應對
1	1	1	1	6	3	2
2	2	1	3	7	3	2
3	1	2	1	7	2	1
4	2	1	1	5	4	1
5	3	2	1	2	2	1
6	2	2	2	6	3	3
⋮	⋮	⋮	⋮	⋮	⋮	⋮
39	3	2	3	2	2	3
40	1	1	1	7	3	1

就業壓力
1. 完全不覺得　2. 不太覺得　3. 略微覺得　4. 頗有覺得
性別
1. 女性　2. 男性
一週工作時數
1. 40 小時未滿　2. 40 小時以上 50 小時未滿　3. 50 小時以上
職場的人際關係
1. 非常差　2. 差　3. 不太好　4. 不好也不壞
5. 還算好　6. 好　7. 非常好
社會支援
1. 沒有可以商談的人　2. 不太有可以商談的人
3. 略有可以商談的人　4. 有可以商談的人
壓力應對
1. 人都會失敗　2. 聽其自然
3. 努力使之順利進行

想知道的事情是？

1. 想知道性別、工作時數、人際關係、社會支援、壓力應對，對就業壓力的影響大小。
2. 從自變數的狀況，想求就業壓力的預測值。
   此時，可以考慮如下的統計處理。

■ 統計處理 1

自變數或依變數是類別資料，因之進行類別迴歸分析。

■ 統計處理 2

觀察各自變數的顯著水準，調查對就業壓力造成影響的要因。

撰寫論文時

1. 類別迴歸分析與複迴歸分析不同的地方，是在於所處理的資料是否為類別而已。因此，撰寫論文時的表現，幾乎與複迴歸分析的時候相同：
   「……進行類別迴歸分析之後，顯著機率在 0.05 以下的自變數是：一週工作時數（0.045）、職場的人際關係（0.034）、社會支援（0.020）。由此事，可以認為對就業壓力特別有影響的要因是，一週工作時數、職場的人際關係、社會支援的狀況。因此……」

【數據輸入類型】

表 10.1.1 的資料如下輸入。

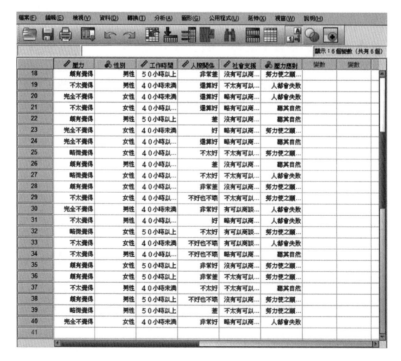

10.2　利用 SPSS 的類別迴歸分析

步驟 1　表 10.1.1 的資料輸入時，如下選擇迴歸 (R) 中的最適尺度 (O)。

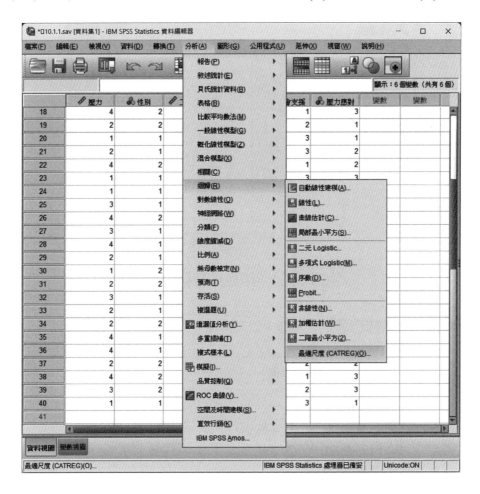

步驟 2　變成種類迴歸的畫面時，將壓力應對移到依變數 (D)，接著，為了將（樣條序數 2　2）換成（次序的），按一下定義比例 (E)。

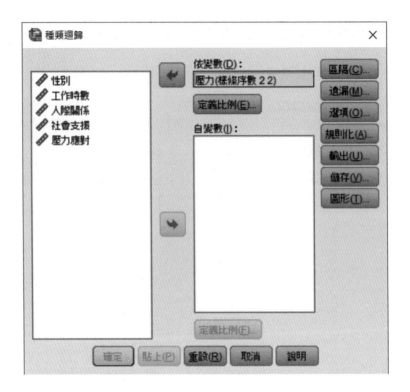

步驟 3 變成定義比例的畫面時，如下選擇序數後，按一下 繼續 。

步驟 4　確認<mark>依變數(D)</mark>的方框中變成壓力 (序數) 時，將性別移到<mark>自變數 (I)</mark>的方框中，按一下<mark>定義比例 (F)</mark>。

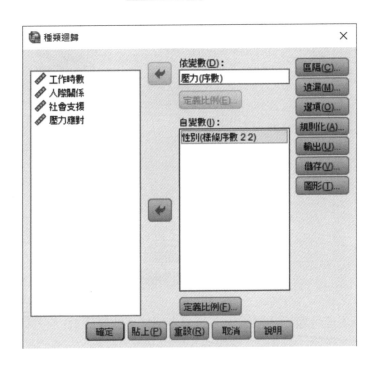

步驟 5　變成定義比例的畫面時，如下選擇名義後，按一下 繼續 。

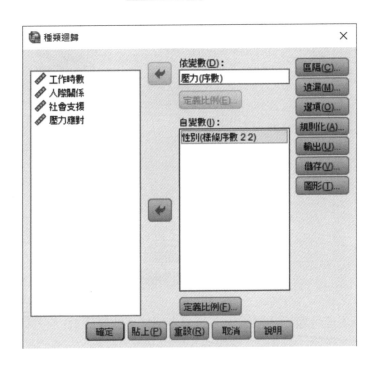

步驟 6 自變數 (I) 的方框中變成性別（名義）。

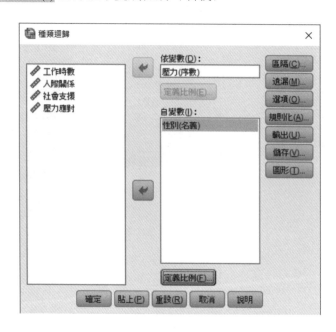

步驟 7 將工作時數、人際關係、社會支援移到自變數 (I) 的方框中，將各個（樣條序數 2　2）變換成（序數）。

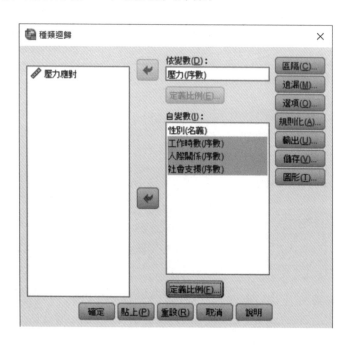

步驟 8　將壓力應對移到自變數 (I) 的方框中，再換成壓力應對（名義）。
按著，按一下選項 (O)。

步驟 9　因性別與壓力應對是名義變數，因之，按一下選項 (O) 於起始配置
的地方如下選擇隨機。然後按 繼續。

回到步驟 8 的畫面時，按一下輸出 (U)。

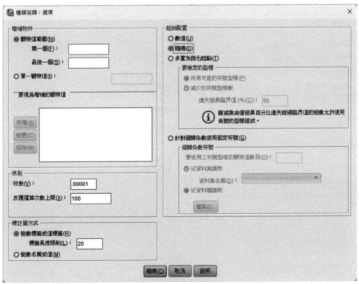

（註）名義變數即使有 1 個時起始配置要當成隨機 (D)。

步驟 10 變成輸出的畫面時，將 分析變數 (A) 的方框之中的所有變數移到 種類量化 (T) 的方框中，按 繼續 。

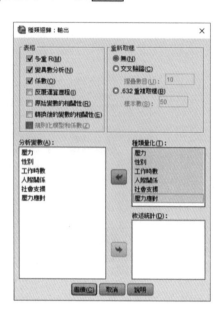

步驟 11 回到步驟 8 的畫面時，按一下 儲存 (V) ，再如下勾選後，然後按 繼續 。

步驟 12　回到以下畫面時，按 確定 。

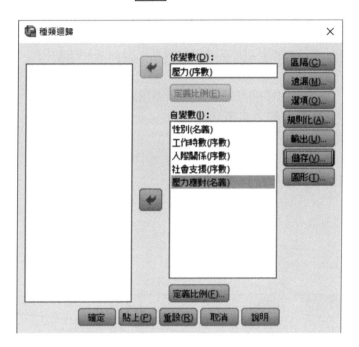

【**SPSS 輸出．1**】──類別迴歸分析。

模型摘要

複相關係數 R	R 平方	調整後 R 平方	明顯預測誤差
.963	.928	.896	.072

依變數：壓力
解釋變數：性別 工作時間 人際關係 社會支援 壓力應對

變異數分析

	平方和	df	均方	F	顯著性
迴歸	37.126	12	3.094	29.064	.000
殘差	2.874	27	.106		
總計	40.000	39			

依變數：壓力
解釋變數：性別 工作時間 人際關係 社會支援 壓力應對

【輸出結果的判讀・1】 —— 類別迴歸分析

① R 平方

　　R 平方是判定係數。

　　R 平方是 0.768 接近 1，因之可以認為類別迴歸式的適配佳。

② 變異數分析表

　　假設 H_0：所求出的類別迴歸式對預測無幫助。

　　顯著機率 0.001 ＜ 顯著水準 0.05

　　假設 H_0 被否定。

　　因此，可以認為所求出的類別迴歸式對預測有幫助。

【SPSS 輸出・2】 —— 類別迴歸分析

係數

	標準化係數 β	標準誤的拔靴法 (1000) 誤差	df	F	顯著性
性別	.109	.076	1	2.065	.162
工作時間	.322	.172	2	3.487	.045
人際關係	-.366	.210	4	3.047	.034
社會支援	-.527	.268	3	3.868	.020
壓力應對	.126	.098	2	1.646	.212

依變數：壓力

相關性及容差

	相關性 零階	局部	部分	重要性	容差 變換之後	變換之前
性別	-.179	.358	.103	-.021	.889	.837
工作時間	.736	.694	.258	.255	.644	.512
人際關係	-.710	-.766	-.319	.280	.760	.732
社會支援	-.845	-.823	-.388	.479	.542	.560
壓力應對	.048	.423	.125	.007	.990	.524

依變數：壓力

【輸出結果的判讀・2】 —— 類別迴歸分析

③ 顯著機率在 0.05 以下的自變數，可以認為對依變數有影響。

　　因此，認為對就業壓力有影響的要因是

$$\left\{\begin{array}{l}\text{一週工作時數}\\\text{職場的人際關係}\\\text{社會支援}\end{array}\right.$$

一週工作時數的係數是 0.322，因之一週工作時數變多時，就業壓力似乎也會增加。

職場的人際關係的係數是 −0.366，因之人際關係愈好，就業壓力似乎就會減少。

社會支援的係數是 −0.527，因之愈有可以商談的人，就業壓力似乎就會減少。

【SPSS 輸出・3】—— 類別迴歸分析

數量化　　　　←④

表格

壓力[a]

種類	次數分配表	量化
完全不覺得	11	-.967
不太覺得	12	-.712
略微覺得	6	.663
頗有覺得	11	1.382

a. 最適尺度層級：序數。

性別[a]

種類	次數分配表	量化
女性	22	.905
男性	18	-1.106

a. 最適尺度層級：名義。

工作時間[a]

種類	次數分配表	量化
４０小時未滿	15	-1.046
４０小時以上５０小時未滿	13	-.084
５０小時以上	12	1.399

a. 最適尺度層級：序數。

人際關係[a]

種類	次數分配表	量化
非常差	6	-1.207
差	5	-1.207
不太好	5	-1.207
不好也不壞	5	.450
還算好	7	.738
好	5	.884
非常好	7	1.067

a. 最適尺度層級：序數。

社會支援[a]

種類	次數分配表	量化
沒有可以商談的人	10	-1.641
不太有可以商談的人	10	.027
略有可以商談的人	12	.775
有可以商談的人	8	.856

a. 最適尺度層級：序數。

壓力應對[a]

種類	次數分配表	量化
人都會失敗	17	.521
聽其自然	9	-1.856
努力使之順利進行	14	.561

a. 最適尺度層級：名義。

【輸出結果的判讀‧3】 —— 類別迴歸分析

④ 各個類別的數量化
  使用此最適尺度,進行類別迴歸分析。

就業壓力時

	順序		最適尺度
完全不覺得	= 1	⟶	−0.967
不太覺得	= 2	⟶	−0.712
略微覺得	= 3	⟶	−0.663
頗有覺得	= 4	⟶	1.382

性別時

	名義		最適尺度
女性	= 1	⟶	0.905
男性	= 2	⟶	−1.106

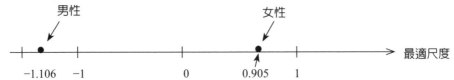

【SPSS 輸出・4】—— 類別迴歸分析

	🖉 壓力	🖧 性別	🖉 工作時間	🖉 人際關係	🖉 社會支援	🖧 壓力應對	🖉 PRE_1	🖉 PRE
18	4	2	3	1	1	3	1.71	
19	2	2	1	5	2	1	-.68	
20	1	1	1	5	3	1	-.85	
21	2	1	2	5	3	2	-.84	
22	4	2	3	2	1	2	1.40	
23	1	1	1	6	3	3	-.90	
24	1	1	2	5	3	2	-.84	
25	3	1	2	3	2	3	.57	
26	4	2	2	2	1	2	.93	
27	3	1	2	3	2	1	.56	
28	4	1	2	1	1	3	1.45	
29	2	1	2	4	2	3	-.04	
30	1	2	1	7	4	1	-1.23	
31	2	2	2	6	3	1	-.81	
32	3	1	3	3	4	3	.61	
33	2	1	1	4	4	1	-.79	
34	2	2	2	4	3	2	-.95	
35	4	1	3	7	1	3	1.09	
36	4	1	3	1	2	3	1.05	
37	2	2	1	3	2	2	-.26	
38	4	2	3	4	1	3	1.10	
39	3	2	3	2	2	3	.83	
40	1	1	1	7	3	1	-.97	
41								

顯示：8 個變數（共有 8 個）

檔案(F)　編輯(E)　檢視(V)　資料(D)　轉換(T)　分析(A)　圖形(G)　公用程式(U)　延伸(X)　視窗(W)　說明(H)

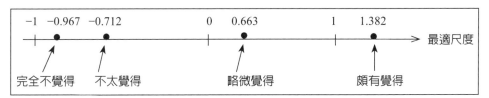

No.1 受試著的就業壓力

【輸出結果的判讀・4】 —— 類別迴歸分析

④ 是預測值。

就業壓力 = 0.109× 性別 + 0.322× 一週工作時數

− 0.361× 職場的人際關係 − 0.527× 社會支援

+ 0.126× 壓力應對

No.1 的受試者時

性別 = 2 $\longrightarrow$ −1.106

一週工作時數 = 3 $\longrightarrow$ 1.399

職場人際關係 = 1 $\longrightarrow$ −1.207

社會支援 = 1 $\longrightarrow$ −1.641

壓力應對 = 3 $\longrightarrow$ 0.561

就業壓力 = 0.109×(−1.106) + 0.322×1.399

− 0.366×(−1.207) − 0.527×(−1.641)

+ 0.126×0.561

= 1.71

第 11 章
因素分析 —— 尋找背後的共同因素

本章內容

11.1 因素分析

　　以下的資料是針對 100 位受試者，就「壓力、運動量、健康量、工作充實度、地域活動充實度、興趣的充實度、家庭生活的充實度」所調查的結果。

表 11.1.1

NO.	壓力	運動量	健康	工作	地域活動	興趣	家庭生活
1	3	5	2	3	4	4	4
2	1	5	3	4	3	3	4
3	2	4	4	4	5	3	4
4	2	2	2	5	5	5	4
5	5	1	3	2	3	3	1
6	3	3	3	5	4	5	4
7	2	5	4	5	4	3	3
8	2	2	4	3	2	4	2
9	4	1	4	2	2	2	2
10	3	4	5	4	4	4	5
⋮	⋮	⋮	⋮	⋮	⋮	⋮	⋮
100	2	2	1	3	3	3	2

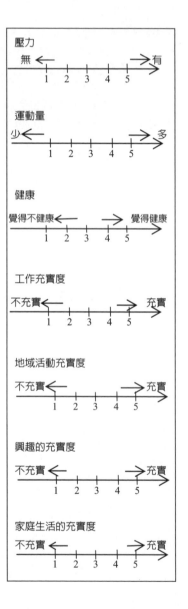

想知道的事情是？

1. 想知道壓力、運動量、健康、工作、地域活動、興趣、家庭生活的背後，潛藏著何種的共同因素。
2. 想使用第 1 因素、第 2 因素將受試者分類。

此時，可以考慮如下的統計處理：

■ 統計處理 1

進行因素分析之中的最大概似法，萃取因素。

■ 統計處理 2

將所萃取的因素再進行斜交轉軸（promax），觀察因素負荷（量），調查共同因素是什麼。

■ 統計處理 3

以第 1 因素為橫軸，第 2 因素為縱軸，編製散布圖。

（註）所謂最大概似法是統計母體的參數與理論值的方法。

所謂 promax 是指斜交轉軸一事。

撰寫論文時

1. 因素分析時：
「……利用最大概似法進行因素分析之後，第 1 因素的因素負荷其絕對值較大的變數是工作的充實度、地域活動的充實度、家庭生活的充實度，因之第 1 因素可以想成是『外在的充實度』。
在第 2 因素中，壓力、運動量、健康等之變數其因素負荷的絕對值較大，因之第 2 因素可以想成是『內在的充實度』。
此外，依據 KMO 妥當性是 0.772，此因素分析可以認為是妥當的，由此事可以判讀……」

【數據輸入類型】

表 11.1.1 的資料如下輸入。

	壓力	運動量	健康	工作	地域活動	興趣	家庭生活	var
1	3	5	2	3	4	4	4	
2	1	5	3	4	3	3	4	
3	2	4	4	4	5	3	4	
4	2	2	2	5	5	5	4	
5	5	1	3	2	3	3	1	
6	3	3	3	5	4	5	4	
7	2	5	4	5	4	3	3	
8	2	2	4	3	2	4	2	
9	4	1	4	2	2	2	2	
10	3	4	5	4	4	4	5	
11	3	3	2	5	5	4	5	
12	3	2	3	2	3	2	2	
13	3	1	1	3	3	2	2	
14	1	5	3	5	4	5	5	
15	4	1	1	2	2	3	3	
16	3	2	4	2	3	2	2	
17	2	3	3	5	4	5	4	
18	5	1	2	2	3	4	3	
19	5	2	2	2	2	2	2	
20	2	2	4	5	5	5	4	
21	3	3	4	2	2	4	2	
22	4	4	2	3	2	4	3	
23	3	5	3	3	1	4	1	
24	3	4	3	5	4	4	5	
25	5	1	1	1	1	1	1	
26	5	1	1	1	1	1	1	
27	2	4	3	5	5	3	4	
28	3	4	5	5	4	5	5	
29	2	4	4	5	4	4	3	
30	2	2	2	3	2	1	2	

11.2 利用 SPSS 的因素分析 —— 最大概似法

步驟 1　表 11.1.1 的資料輸入時，從分析 (A) 的清單如下選擇。

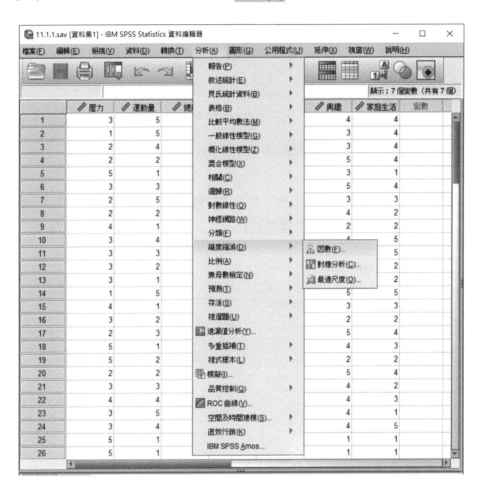

步驟 2　變成因素分析的畫面時，將左側所有的變數移到變數 (V) 的方框中。接著按一下萃取 (E)。

步驟 3　變成因素萃取的畫面時，如下選擇最大概似後按 繼續。回到步驟
2 的畫面時，按一下旋轉 (T)。

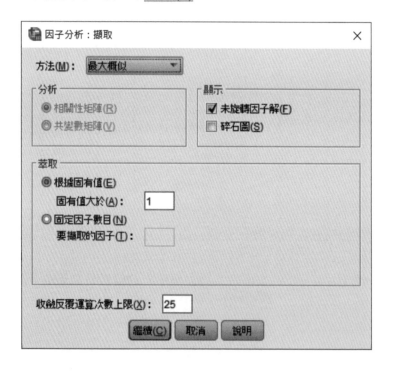

（註）要將因素數當成 3 時，於此處設定。

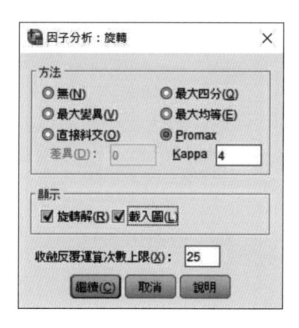

步驟 4　變成旋轉的畫面時，如下勾選，按 繼續 。

回到步驟 2 的畫面時，按一下評分 (S)。

步驟 5 變成因素評分的畫面時，如下勾選後按 繼續 。回到步驟 2 的畫面時，按一下敘述統計 (D)。

步驟 6 變成敘述統計的畫面時，如下勾選後，按 繼續 。

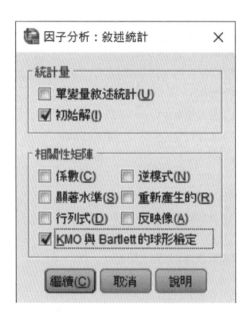

步驟 7　變成如下畫面時，按 確定 。

【**SPSS 輸出・1**】——因素分析（最大概似法）

→ 因子分析

KMO與Bartlett檢定

Kaiser-Meyer-Olkin取樣適切性量數。		.772	←①
Bartlett 球形檢定	近似卡方分配	341.488	
	自由度	21	
	顯著性	.000	←②

共同性

	初始	萃取	
壓力	.548	.598	
運動量	.441	.711	
健康	.279	.309	←③
工作	.797	.904	
地域活動	.710	.803	
興趣	.448	.406	
家庭生活	.520	.487	

萃取法：最大概似。

【輸出結果的判讀・1】──因素分析（最大概似法）

① 這是 Kaiser-Meyer-Olkin 的效度（妥當性）。
　 此值未滿 0.5 時，可以認爲欠缺進行因素分析的效度。
　 此數據是 0.772，因之進行因素分析並無問題。

② Bartlett 的球面性檢定
　 假設 H_0：相關矩陣是單位矩陣
　 顯著機率 0.000 ＜ 顯著水準
　 假設 H_0 被捨棄。
　 因此，變數間有相關，考慮共同因素有意義。

③ 共同性之值接近 0 之變數與其他變數之相關低，或許可從分析中除去。

（註）相關矩陣是單位矩陣時
　　　所有的 $r_{ij} \neq 0$　$(i \neq j)$

$$\begin{bmatrix} 1 & r_{12} & \cdots & r_{1n} \\ r_{21} & 1 & \cdots & \vdots \\ \vdots & \vdots & \ddots & \vdots \\ r_{n1} & r_{n2} & \cdots & 1 \end{bmatrix} = \begin{bmatrix} 1 & 0 & \cdots & 0 \\ 0 & 1 & \cdots & 0 \\ \vdots & \vdots & \ddots & \vdots \\ 0 & 0 & \cdots & 1 \end{bmatrix}$$

【SPSS 輸出・2】──因素分析（最大概似法）

解說總變異量

因子	初始特徵值			平方和負荷量萃取			轉軸平方
	總和	變異數的%	累積%	總和	變異數的%	累積%	總和
1	3.575	51.065	51.065	3.150	45.006	45.006	3.037
2	1.404	20.051	71.115	1.067	15.243	60.250	1.972
3	.647	9.238	80.354				
4	.537	7.672	88.025				
5	.402	5.736	93.761				
6	.303	4.329	98.090				
7	.134	1.910	100.000				

←──④

萃取法：最大概似。
　a. 當因子產生相關時，無法加入平方和負荷量 以取得總變異數。

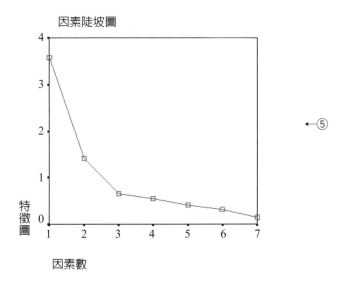

【**輸出結果的判讀・2**】── 因素分析（最大概似法）

④ 將因素的特徵值按大小順序排列。
所謂變異量的百分比是指特徵值的百分比。

$$51.065 = \frac{3.575}{3.575 + 1.404 + 0.647 + 0.537 + 0.402 + 0.303 + 0.134} \times 100$$

$$= \frac{3.575}{7} \times 100$$

（註）變異量是表示因素所具有的資訊量

⑤ 將因素的特徵值以圖形表現。
觀此圖形，判別要列舉多少個因素。
如折線的斜率減緩，因特徵值不太變化，乃在其前後的地方列舉因子數。
此情形，如因素數比 3 多時，陡坡圖即變減緩，所以列舉的因素數為 2
或 3 是適當的。

【SPSS 輸出‧3】

因子矩陣[a]

	因子	
	1	2
壓力	-.678	-.371
運動量	.382	.752
健康	.261	.490
工作	.950	-3.661E-02
地域活動	.833	-.330
興趣	.634	6.990E-02
家庭生活	.691	-9.376E-02

← ⑥

萃取方法：最大概似。

a. 萃取了 2 個因子。需要 6 個疊代。

適合度檢定

卡方	自由度	顯著性
17.022	8	.030

← ⑦

樣式矩陣[a]

	因子	
	1	2
壓力	-.413	-.500
運動量	-8.927E-02	.878
健康	-4.722E-02	.574
工作	.909	8.886E-02
地域活動	.974	-.249
興趣	.550	.163
家庭生活	.702	-9.041E-03

← ⑧

萃取方法：最大概似。
旋轉方法：含 Kaiser 常態化的 Promax 法。。

a. 轉軸收斂於 3 個疊代。

【輸出結果的判讀‧3】

⑥ 這是 promax 轉軸前的因素負荷（量）。

⑦ 模式的適合度檢定（決定列舉的因素數的方法之一）。

假設 H_0：適合於因素數是 2 個的模式。

顯著機率 0.030 ＜ 顯著水準 0.05

假設 H_0 被否定。
因此，因素數當成 3 個也許較好。

（註）因素數當成 3 個時，

適合度檢定

卡方	自由度	顯著性
4.586	3	.205

假設 H_0 無法捨棄。因此，列舉的因素數，3 個爲 2 個爲宜。

⑧ promax 轉軸後的因素負荷（量）。
一面觀察此值，對共同因素命名。
第 1 因素由於工作的充實度、地域活動的充實度、家庭生活的充實度之
值較大，因之可以想成是
　　　　「外在充實度」
第 2 因素由於壓力、運動量、健康之值較大，因之可想成是
　　　　「內在充實度」

【SPSS 輸出・4】──因素分析（最大概似法）

結構矩陣

	因子 1	因子 2
壓力	-.628	-.677
運動量	.287	.839
健康	.199	.554
工作	.947	.479
地域活動	.867	.168
興趣	.620	.399
家庭生活	.698	.292

←⑨

萃取方法：最大概似。
旋轉方法：含 Kaiser 常態化的 Promax 法。

因子相關矩陣

因子	1	2
1	1.000	.429
2	.429	1.000

萃取方法：最大概似。
旋轉方法：含 Kaiser 常態化的 Promax 法。

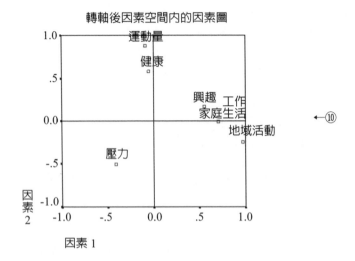

轉軸後因素空間內的因素圖

【輸出結果的判讀・4】——因素分析（最大概似法）

⑨ 這是構造矩陣
  與樣式矩陣之關係如下。

樣式矩陣 因素 1	樣式矩陣 因素 2	因素相關 矩陣	構造 矩陣
−0.413	+ (−0.500)	× 0.429 =	−0.628
−0.089	+ (0.878)	× 0.429 =	0.287
−0.047	+ (0.574)	× 0.429 =	0.199
0.909	+ (0.089)	× 0.429 =	0.947
0.947	+ (−0.249)	× 0.429 =	0.867
0.550	+ (0.163)	× 0.429 =	0.620
0.720	+ (−0.009)	× 0.429 =	0.698

（註）構造矩陣成為相關係數的常數倍。
      只有樣式矩陣無法看出因素的特徵時也可利用此構造矩陣。

【SPSS 輸出 · 5】—— 因素分析（最大概似法）

	壓力	運動量	健康	工作	地域活動	興趣	家庭生活	fac1_1	fac2_1
1	3	5	2	3	4	4	4	.35717	.67490
2	1	5	3	4	3	3	3	.66885	1.50024
3	2	4	4	4	5	3	4	1.07542	.67100
4	2	2	2	5	5	5	4	1.64846	-.15983
5	5	1	3	2	3	3	1	-.72989	-1.42429
6	3	3	3	5	4	5	4	1.35816	.36184
7	2	5	4	5	4	3	3	1.24903	1.43111
8	2	2	3	3	2	4	2	-.18811	.13678
9	4	1	4	2	2	2	2	-.88308	-.98309
10	3	4	5	4	4	4	5	.90459	.81268
11	3	3	2	5	5	4	5	1.60919	.03049
12	3	2	3	2	3	2	2	-.59167	-.63715
13	3	1	1	3	3	2	2	-.11877	-1.13254
14	1	5	3	5	4	5	5	1.54729	1.63196
15	4	1	1	2	2	3	3	-.76595	-1.30640
16	3	2	4	2	3	2	3	-.59070	-.51145
17	2	3	3	5	4	5	4	1.41732	.56078
18	5	1	2	2	3	4	3	-.54114	-1.49156
19	5	2	2	2	2	2	2	-.94362	-.99964
20	2	2	4	5	5	5	4	1.65039	.09158
21	3	3	4	2	2	4	2	-.72210	.18181
22	4	4	2	3	2	4	3	-.23756	.35973
23	3	5	3	3	1	4	1	-.54890	1.27002
24	3	4	3	5	4	4	5	1.37806	.75110
25	5	1	1	1	1	1	1	-1.77324	-1.64169
26	5	1	1	1	1	1	1	-1.77324	-1.64169
27	2	4	3	5	5	3	4	1.54985	.73513
28	3	4	5	5	4	5	5	1.43034	1.05169
29	2	4	4	5	4	4	3	1.29882	1.06648
30	2	2	2	3	2	1	2	-.34109	-.26216

⑪

【輸出結果的判讀 · 5】—— 因素分析（最大概似法）

⑪ 這是因素分數。

受試者 NO.1 此人的因素分數是（0.35723, 0.67444），如畫在散布圖上時，知是屬於不管外在、內在都很充實的群。

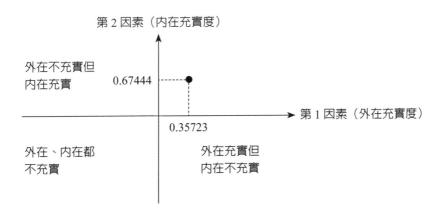

　　　　　　　　第 2 因素（內在充實度）

外在不充實但　0.67444 ┄┄┄●
內在充實

　　　　　　　　　　　　　　　　　　　　第 1 因素（外在充實度）

　　　　　　　　　0.35723

外在、內在都　　　　　　外在充實但
不充實　　　　　　　　　內在不充實

11.3 利用 SPSS 的因素分析 —— 主軸因素法

步驟 1 表 11.1.1 的資料輸入時，從**分析 (A)** 的清單中如下選擇。

步驟 2 變成因素分析的畫面時，將左側所有的變數移到**變數 (V)** 的方框，按一下**萃取 (E)**。

步驟 3　變成擷取的畫面時，如下選擇，然後按 繼續 。

回到步驟 2 的畫面時，按一下旋轉 (T)。

步驟 4　在旋轉與敘述統計的畫面中，如下選擇後，按 繼續 。

回到步驟 2 的畫面時，按 確定 。

此處也要勾選如下：

【SPSS 輸出‧1】——因素分析（主軸因素法）

➔ 因子分析

KMO與Bartlett檢定

Kaiser-Meyer-Olkin取樣適切性量數。		.772
Bartlett 球形檢定	近似卡方分配	341.488
	自由度	21
	顯著性	.000

←①

共同性

	初始	萃取
壓力	.548	.602
運動量	.441	.630
健康	.279	.351
工作	.797	.878
地域活動	.710	.754
興趣	.448	.457
家庭生活	.520	.534

萃取法：主軸因子萃取法。

←②

解說總變異量

因子	初始特徵值			平方和負荷量萃取		
	總和	變異數的%	累積%	總和	變異數的%	累積%
1	3.575	51.065	51.065	3.227	46.096	46.096
2	1.404	20.051	71.115	.980	13.997	60.093
3	.647	9.238	80.354			
4	.537	7.672	88.025			
5	.402	5.736	93.761			
6	.303	4.329	98.090			
7	.134	1.910	100.000			

←③

萃取法：主軸因子萃取法。

解說總變異量

因子	轉軸平方和負荷量		
	總和	變異數的%	累積%
1	2.683	38.336	38.336
2	1.523	21.758	60.093
3			
4			
5			
6			
7			

←③的繼續

萃取法：主軸因子萃取法。

【輸出結果的判讀・1】──因素分析（主軸因素法）

① 與最大概似法之輸出結果相同。

② 共同性的初始值雖與最大概似地方一致，但此處是使用主軸因素法，因之因素萃取後之值，與最大概似法並不一致。

③ 初始的特徵值，雖與最大概似法的地方一致，但此處是使用主軸因素法，因之萃取後與轉軸後之值，與最大概似法的值不一致。

【SPSS 輸出・2】──因素分析（主軸因素法）

因子矩陣ᵃ

	因子	
	1	2
壓力	-.719	.293
運動量	.473	-.638
健康	.369	-.464
工作	.917	.192
地域活動	.754	.430
興趣	.674	4.399E-02
家庭生活	.697	.219

←④

萃取方法：主軸因子。

a. 萃取了 2 個因子。需要 15 個疊代。

轉軸後的因子矩陣ᵃ

	因子	
	1	2
壓力	-.482	-.608
運動量	9.872E-02	.788
健康	9.265E-02	.586
工作	.893	.284
地域活動	.868	-4.094E-03
興趣	.609	.293
家庭生活	.715	.152

←⑤

萃取方法：主軸因子。
旋轉方法：旋轉方法：含 Kaiser 常態化的 Varimax 法。
a. 轉軸收斂於 3 個疊代。

因子轉換矩陣

因子	1	2
1	.871	.492
2	.492	-.871

←⑥

萃取方法：主軸因子。
旋轉方法：旋轉方法：含 Kaiser 常態化的 Varimax 法。

【輸出結果的判讀・2】──因素分析（主軸因素法）

④ 這是最大變異（Varimax）法轉軸前的因素負荷（量）。
　不妨與最大概似法的因素矩陣比較看看。

⑤ Varimax 轉軸後的因素負荷（量）。
　一面看圖一面對因素命名。
　對應最大概似法的樣式矩陣。

⑥ 此因素轉換矩陣形成直交矩陣。

$$\begin{bmatrix} 0.871 & 0.492 \\ 0.492 & -0.871 \end{bmatrix} \cdot \begin{bmatrix} 0.871 & 0.492 \\ 0.492 & -0.871 \end{bmatrix} = \begin{bmatrix} 1 & 0 \\ 0 & 1 \end{bmatrix}$$

第 12 章
類別主成分分析 ── 建立綜合性的指標進行分類

本章內容

12.1 類別主成分分析

以下的資料是針對 46 位的受試者，就「工作的困難度、有被裁員的可能性、輪調的可能性、是否介意職場的人際關係、是否介意家人的經濟上的期待、回家可能休息、是否對年老後的經濟感到不安」所調查的結果。

表 12.1.1

NO	工作的困難度	裁員的可能性	輪調的可能性	職場的人際關係	家人的經濟上期待	家中的休息	年老後的經濟上不安
1	1	1	1	1	4	3	2
2	3	3	2	2	3	3	3
3	2	2	1	1	3	4	2
4	3	2	2	2	2	2	2
5	2	1	1	1	4	3	1
⋮	⋮	⋮	⋮	⋮	⋮	⋮	⋮
⋮	⋮	⋮	⋮	⋮	⋮	⋮	⋮
⋮	⋮	⋮	⋮	⋮	⋮	⋮	⋮
46	2	2	2	2	2	2	3

- 工作的困難度
  1. 幾乎沒有　2. 不太有　3. 略有　4. 頗有
- 被裁員的可能性
  1. 幾乎沒有　2. 不太有　3. 略有　4. 頗有
- 輪調的可能性
  1. 幾乎沒有　2. 不太有　3. 略有　4. 頗有
- 職場的人際關係
  1. 不介意　2. 不太介意　3. 略微介意　4. 相當介意
- 介意家人的經濟上期待
  1. 不介意　2. 不太介意　3. 略微介意　4. 相當介意
- 回家時能否休息
  1. 完全不能休息　2. 不太能休息　3. 可以休息　4. 頗能休息
- 對年老後的經濟是否感到不安
  1. 幾乎沒有　2. 不太有　3. 略有　4. 頗有

想分析的事情是？

1. 整合 7 個變數（工作、裁員、輪調、人際關係、期待、休息、不安），建立綜合的指標（第 1 主成分、第 2 主成分）。
2. 使用綜合的指標，將受試者分類。

此時，可以考慮如下的統計處理：

■ 統計處理 1

變數是順序資料，所以進行類別主成分分析。

■ 統計處理 2

設定第 1 主成分與第 2 主成分之意義。

■ 統計處理 3

以第 1 主成分為橫軸，第 2 主成分為縱軸，繪製散布圖。

撰寫論文時

1. 類別主成分分析時：
　　「……進行類別主成分分析之後，至第 2 主成分為止的累積貢獻率是 74.014%，因之此分析決定列舉出第 1 主成分與第 2 主成分兩者。
　　觀察第 1 主成分的係數時，工作的困難度、被裁員的可能性、輪調的可能性、職場的人際關係等變數的絕對值較大，因之第 1 主成分可以想成是『完成職務上的壓力』。
　　第 2 主成分中，因家族的經濟上期待、家中的休息、老後的經濟不安等變數的絕對值較大，因之第 2 主成分可以想成是『家庭生活中的壓力』。
　　因此，……」

【數據輸入類型】

表 12.1.1 的資料如下輸入：

	受試者	工作	教員	輪調	人際關係	期待	休息	不安	var	var	var	var
1	1	1	1	1	1	4	3	2				
2	2	3	3	2	2	3	3	2				
3	3	2	2	1	1	3	4	2				
4	4	3	2	2	2	2	2	2				
5	5	2	1	1	1	4	3	1				
6	6	3	3	3	3	3	2	3				
7	7	2	1	1	1	4	3	1				
8	8	2	2	2	2	4	2	2				
9	9	3	3	3	3	3	3	4				
10	10	1	1	1	1	4	4	1				
11	11	1	1	1	1	2	3	2				
12	12	1	1	1	2	3	3	2				
13	13	3	4	3	3	3	3	2				
14	14	2	2	2	2	2	4	1				
15	15	2	1	1	1	4	4	1				
16	16	1	1	1	1	4	3	2				
17	17	2	2	2	3	4	3	2				
18	18	2	2	1	1	4	2	3				
19	19	1	1	1	2	3	4	2				
20	20	2	1	1	1	4	2	2				
21	21	3	4	3	4	3	1	3				
22	22	1	1	1	1	3	4	1				

	受試者	工作	教員	輪調	人際關係	期待	休息	不安	var	var	var	var
1	1	幾乎沒有	幾乎沒有	幾乎沒有	不介意	相當介意	可以休息	不太有				
2	2	略有	略有	不太有	不太介意	略微介意	可以休息	略有				
3	3	不太有	不太有	幾乎沒有	不太介意	略微介意	顏能休息	不太有				
4	4	略有	不太有	不太有	不太介意	不太介意	不太能休息	略有				
5	5	不太有	幾乎沒有	幾乎沒有	不介意	相當介意	可以休息	幾乎沒有				
6	6	略有	略有	略有	略微介意	略微介意	不太能休息	略有				
7	7	不太有	幾乎沒有	幾乎沒有	不介意	相當介意	可以休息	幾乎沒有				
8	8	不太有	不太有	不太有	不太介意	相當介意	不太能休息	不太有				
9	9	略有	略有	略有	略微介意	略微介意	可以休息	顏有				
10	10	幾乎沒有	幾乎沒有	幾乎沒有	不介意	相當介意	顏能休息	幾乎沒有				
11	11	幾乎沒有	幾乎沒有	幾乎沒有	不介意	不太介意	可以休息	略有				
12	12	幾乎沒有	幾乎沒有	幾乎沒有	不太介意	略微介意	可以休息	不太有				
13	13	略有	顏有	略有	略微介意	略微介意	可以休息	不太有				
14	14	不太有	不太有	不太有	不太介意	不太介意	顏能休息	幾乎沒有				
15	15	不太有	幾乎沒有	幾乎沒有	不介意	相當介意	顏能休息	幾乎沒有				
16	16	幾乎沒有	幾乎沒有	幾乎沒有	不介意	相當介意	可以休息	不太有				
17	17	不太有	不太有	不太有	略微介意	相當介意	可以休息	略有				
18	18	不太有	不太有	幾乎沒有	不介意	相當介意	不太能休息	略有				

	名稱	類型	寬度	小數	標記	數值	遺漏	欄	對齊	測量
1	受試者	數字的	8	0		無	無	8	右	尺度
2	工作	數字的	8	0		{1,幾乎沒有}...	無	8	右	尺度
3	教員	數字的	8	0		{1,幾乎沒有}...	無	8	右	尺度
4	輪調	數字的	8	0		{1,幾乎沒有}...	無	8	右	尺度
5	人際關係	數字的	8	0		{1,不介意}...	無	8	右	尺度
6	期待	數字的	8	0		{1,幾乎沒有}...	無	8	右	尺度
7	休息	數字的	8	0		{1,完全不能休息	無	8	右	尺度
8	不安	數字的	8	0		{1,幾乎沒有}...	無	8	右	尺度
9										
10										
11										
12										
13										
14										

12.2　利用 SPSS 的類別主成分分析

步驟 1　表 12.1.1 的資料輸入時，從分析 (A) 的清單如下選擇。

步驟 2　變成最適尺度的畫面時，如下勾選，於是變成了類別主成分（CatPCA）。接著，按一下定義。

步驟 3　變成以下的畫面時，將工作移到 分析變數 (A) 的方框中。

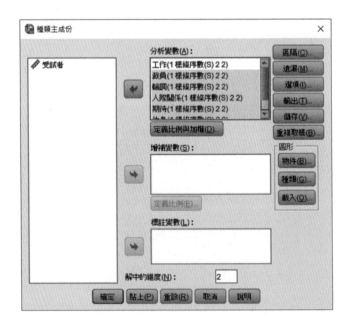

步驟 4　同樣，將受試者以外的變數移到 分析變數 (A) 的方框中。

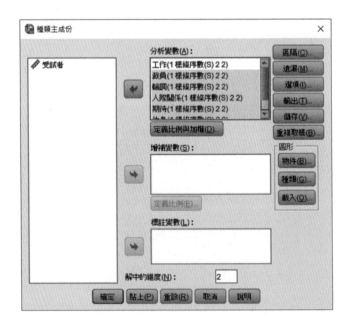

─ **變更最適尺度水準** ─
步驟 3 中雖然是照著樣條序數進行，但想將尺度更換成（序數）時，以如下步驟變更
1. 按一下定義比例與加權 (D)
2. 變成以下畫面時，選擇序數 (O)，再按 繼續 。於是……

3. 分析變數 (A) 的方框中，變成如下。

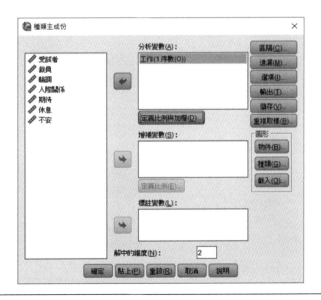

步驟 5　將受試者移到標註變數 (L) 的方框中，按一下輸出 (T)。

步驟 6　變成輸出的畫面時，如下勾選……

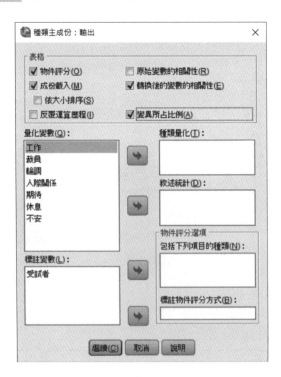

步驟 7　再將 標註變數 (L) 之中的受試者移到 標註物件評分方式 (B)，按
　　　　繼續。

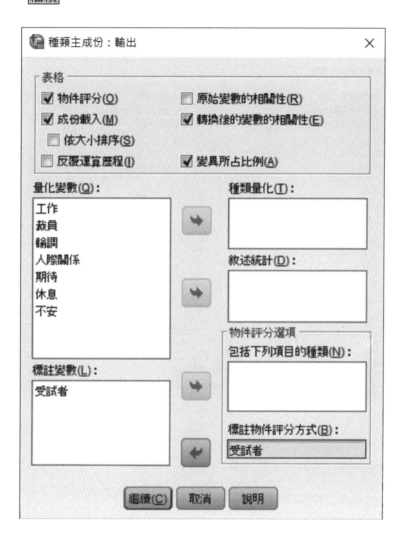

步驟 8 回到步驟 5 的畫面時，按一下儲存 (V)。

變成儲存的畫面時，如下勾選，再按 繼續。

回到步驟 5 的畫面時，按 確定。

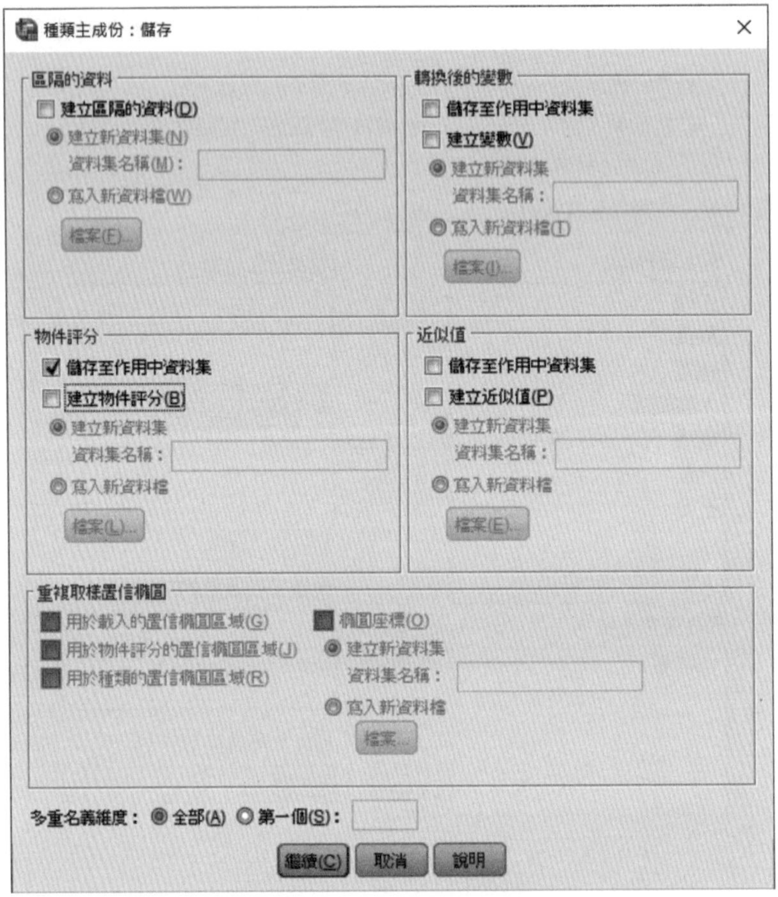

─ 作圖時……─────────────────────────────────

當按圖形時，從步驟 5 的畫面開始。

A. 按一下圖形之處的物件 (B)，變成如下畫面。

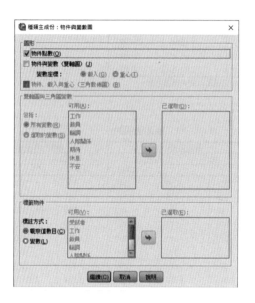

B. 按一下圖形之處的種類 (G) 時，變成如下畫面。

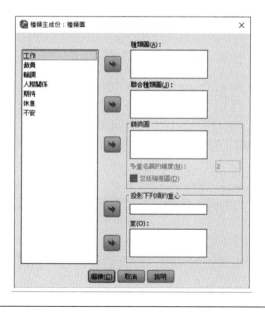

【SPSS 輸出・1】── 類別主成分分析

模式摘要

維度	Cronbach's Alpha	變異數歸因於	
		總和 (特徵值)	變異數的 %
1	.839	3.564	50.921
2	.445	1.616	23.092
總計	.941[a]	5.181	74.014

a. Cronbach's Alpha 總值是以總特徵值為準。

←①

變異數歸因於

	重心座標			總和 (向量座標)		
	維度		平均數	維度		總計
	1	2		1	2	
工作	.661	.031	.346	.636	.015	.651
裁員	.823	.076	.449	.821	.029	.850
輪調	.781	.106	.443	.774	.075	.849
人際關係	.799	.015	.407	.788	.001	.789
期待	.129	.345	.237	.117	.290	.408
休息	.274	.722	.498	.174	.697	.871
不安	.379	.604	.492	.255	.509	.763
使用中總和	3.845	1.899	2.872	3.564	1.616	5.181
變異數的 %	54.934	27.130	41.032	50.921	23.092	74.014

↑
②

【輸出結果的判讀・1】── 類別主成分分析

① 第 1 主成分是具有 50.921% = 3.564/7×100 的資訊量
第 2 主成分是具有 23.092% = 1.616/7×100 的資訊量
合計具有 74.014% = 5.181/7×100 的資訊量
列舉至第 2 主成分為止進行分析。以合計大約 80% 當作一個指標。

② Cronbach 的 α 愈接近 1，表示可能性愈高。
因此，如何使用第 2 主成分分析時，可靠性可以想成是足夠的。

③ 第 1 主成分各變數的資訊量
第 1 主成分中，知工作的困難度、裁員的可能性、輪調的可能性、職場
的人際關係的資訊量較多。

【SPSS 輸出‧2】—— 類別主成分分析

元件載入

元件載入

	維度	
	1	2
工作	.797	-.122
載員	.906	-.171
輪調	.880	-.274
人際關係	.888	-.034
期待	-.342	.539
休息	-.417	-.835
不安	.505	.713

變數主要常態化。

個體分數

	維度	
受試者	1	2
1	-.881	1.277
2	.945	.246
3	-.484	-.465
4	.630	.369
5	-.939	.320
6	1.630	.145
7	-.939	.320
8	.163	1.049
9	1.598	-.002
10	-1.388	-.594
11	-.714	.697
12	-.437	.674
13	1.739	-.254
14	-.212	-1.559
15	-.996	-1.250
16	-.881	1.277
17	.439	.865
18	-.340	1.422
19	-.661	-.316
20	-.621	1.359
21	1.982	.133
22	-1.221	-1.174
23	-.489	.622
24	2.500	-.758
25	-.207	-.655
26	-.846	1.435

變數主要常態化。

26	-.846	1.435
27	1.888	-.587
28	-1.221	-1.174
29	-.212	-1.559
30	-.212	-1.559
31	.317	.609
32	1.551	-1.735
33	.185	1.115
34	1.573	.229
35	-1.036	-1.817
36	.620	-.715
37	.295	.312
38	.294	.700
39	-1.221	-1.174
40	-.240	1.380
41	-.212	-1.559
42	-.604	1.254
43	-.117	.906
44	-.172	.736
45	-1.221	-1.174
46	.381	.629

變數主要常態化。

【輸出結果的判讀・2】 —— 類別主成分分析

④ 第 1 主成分，由於工作的困難度、裁員的可能性、輪調的可能性、職場的人際關係的絕對值較大，因之可以解釋爲：「完成職務上的壓力」。

第 2 主成分，由於家人的經濟性期待、家中的休息、老後的經濟性不安的絕對值較大，因之可以解釋爲：「家庭生活中的壓力」。

⑤ 這是第 1 主成分分數，第 2 主成分分數。

受試者 NO.1 的主成分分數即爲

（第 1 主成分分數，第 2 主成分分數）＝（−0.881, 1.277）

【SPSS 輸出・3】 —— 類別主成分分析

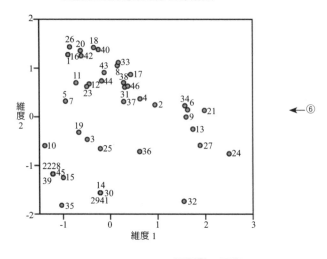

以觀察值號碼標記分析標的點

類別點：工作

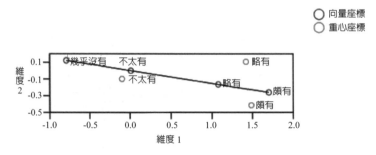

（註）此圖是在步驟 5 的畫面上將工作移到種類（G）時的結果。

【**輸出結果的判讀・3**】—— 類別主成分分析

⑥ 第 1 主成分分數取代橫軸，第 2 主成分分取代縱軸，以散布圖表現 46 位
受試者。

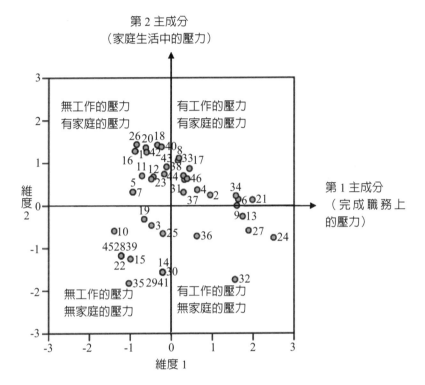

【SPSS 輸出・4】── 類別主成分分析

	受試者	工作	裁員	輪調	人際關係	期待	休息	不安	OBSCO1_1	OBSCO2_1	var	var
1	1	1	1	1	1	4	3	2	-.88	1.28		
2	2	3	3	2	2	3	3	3	.95	.25		
3	3	2	2	1	1	3	4	2	-.48	-.46		
4	4	3	2	2	2	2	2	2	.63	.37		
5	5	2	1	1	1	4	3	1	-.94	.32		
6	6	3	3	3	3	3	3	3	1.63	.15		
7	7	2	1	1	1	4	3	1	-.94	.32		
8	8	2	2	2	2	4	2	2	.16	1.05		
9	9	3	3	3	3	3	3	4	1.60	.00		
10	10	1	1	1	1	4	4	1	-1.39	-.59		
11	11	1	1	1	1	2	3	2	-.71	.70		
12	12	1	1	1	2	3	3	2	-.44	.67		
13	13	3	4	3	3	3	3	2	1.74	-.25		
14	14	2	2	2	2	2	4	1	-.21	-1.56		
15	15	2	1	1	1	3	4	2	-1.00	-1.25		
16	16	1	1	1	1	4	3	2	-.88	1.28		
17	17	2	2	2	3	4	3	2	.44	.87		
18	18	2	2	1	1	4	2	3	-.34	1.42		
19	19	1	1	1	2	3	4	2	-.66	-.32		
20	20	2	1	1	1	4	2	2	-.62	1.36		
21	21	3	4	3	4	3	1	3	1.98	.13		
22	22	1	1	1	1	3	4	1	-1.22	-1.17		
23	23	2	1	1	1	3	3	2	-.49	.62		
24	24	4	4	4	4	1	2	4	2.50	-.76		
25	25	2	2	2	1	3	4	2	-.21	-.66		
26	26	1	1	1	1	4	2	2	-.85	1.43		
27	27	2	4	4	3	1	2	4	1.89	-.59		
28	28	1	1	1	1	3	4	1	-1.22	-1.17		
29	29	2	2	2	2	3	4	1	-.21	-1.56		

資料檢視 / 變數檢視 /

⑦　⑧

【輸出結果之判讀・4】── 類別主成分分析

⑦ 第 1 主成分分數
⑧ 第 2 主成分分數

第 13 章
一般線性模式 —— 以圖形觀察的交互作用

本章内容

13.1 一般線性模式 —— 交互作用

以下的數據是針對 30 位受試者進行 1 位數的加法計算所得的結果。

表 13.1.1

NO.	作業時間	性別	年代	年齡
1	12.1	1	1	17
2	10.5	1	1	19
3	18.7	2	1	18
4	12.0	2	4	45
5	11.7	1	2	26
6	18.7	1	1	18
7	21.3	2	2	23
8	17.6	2	3	37
9	17.5	2	1	19
10	14.4	1	3	35
⋮	⋮	⋮	⋮	⋮
⋮	⋮	⋮	⋮	⋮
30	19.0	1	4	46

（註）性別
1. 女性　2. 男性
年代
1.10 世代　2.20 世代　3.30 世代　4.40 世代　5.50 世代

想分析的事情是？

1. 關於作業時間、性別與年齡之間有何關聯？
2. 女性是否隨著年齡，作業時間變長呢？
3. 男性是否隨著年齡，作業時間變長呢？

此時，可以考慮如下的統計處理：

■ 統計處理 1

以年代或年齡為橫軸，作業時間為縱軸，針對女性與男性分別以圖形表現。

■ 統計處理 2

觀察圖形表現，如果 2 條折線不平行時，可以想成有交互作用的存在。
因之使用一般線性模式，就性別與年齡進行交互作用的檢定。

■ 統計處理 3

交互作用如存在時，知性別與年齡之間有關聯。

撰寫論文時

1. 一般線性模式時：
「……將年代取成橫軸，作業時間取成縱軸，繪製女性與男性的圖形
時，即為如下：

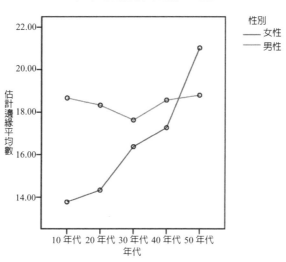

觀此圖形時，男性即使年代增長，作業時間看不出有太大的差異，但女
性卻隨年代的增長，作業時間變長。
因此，將性別取成固定因子，年齡取成共變量，利用一般線性模式進行
交互作用的檢定之後，F 值是 4.504，顯著機率是 0.044，知性別與年齡
之間存在有相互作用。
此檢定結果，與圖形表現結果一致，因此……」

【數據輸入類型】

表 13.1.1 的數據如下輸入。

	作業時數	性別	年代	年齡	var	var	var	var	var	var	var	var
1	12.1	1	1	17								
2	10.5	1	1	19								
3	18.7	2	1	18								
4	12.0	2	4	45								
5	11.7	1	2	26								
6	18.7	1	1	18								
7	21.3	2	2	23								
8	17.6	2	3	37								
9	17.5	2	1	19								
10	14.4	1	3	35								
11	18.7	2	5	51								
12	17.9	1	5	58								
13	20.6	2	4	49								
14	16.3	1	3	34								
15	15.2	2	2	24								
16	17.2	2	5	58								
17	18.4	1	3	31								
18	20.5	2	5	56								
19	18.5	2	2	27								
20	15.6	1	4	43								

	作業時數	性別	年代	年齡	var	var	var	var	var	var	var	var
1	12.1	女性	10世代	17								
2	10.5	女性	10世代	19								
3	18.7	男性	10世代	18								
4	12.0	男性	40世代	45								
5	11.7	女性	20世代	26								
6	18.7	女性	10世代	18								
7	21.3	男性	20世代	23								
8	17.6	男性	30世代	37								
9	17.5	男性	10世代	19								
10	14.4	女性	30世代	35								
11	18.7	男性	50世代	51								
12	17.9	女性	50世代	58								
13	20.6	男性	40世代	49								
14	16.3	女性	30世代	34								
15	15.2	男性	20世代	24								
16	17.2	男性	50世代	58								
17	18.4	女性	30世代	31								
18	20.5	男性	50世代	56								
19	18.5	男性	20世代	27								
20	15.6	女性	40世代	43								

13.2 利用 SPSS 的一般線性模式 ── 交互作用

步驟 1　表 13.1.1 的資料輸入時，從分析 (A) 的清單中如下選擇。

步驟 2　變成單變量的畫面時，將作業時間移到應變數 (D) 方框……

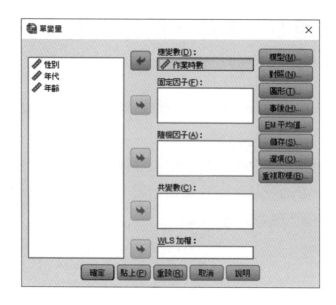

步驟 3 　將性別移到 固定因子 (F)，年齡移到 共變數 (C) 中。按一下 模型 (M)。

（註）連續變數移至共變數 (C) 的方框中。

步驟 4　變成<mark>模型</mark>的畫面時，如下勾選<mark>建置項目</mark>……。

步驟 5　在模型的方框中，建立如下有交互作用的模式。

步驟 6 變成以下畫面時，按一下<u>選項 (O)</u>。

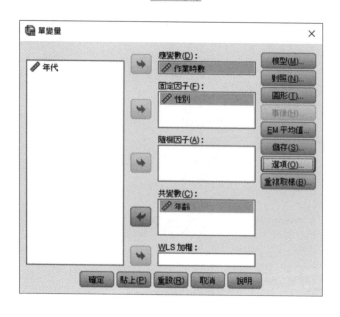

步驟 7 變成選項的畫面時，如下勾選後按 繼續 。

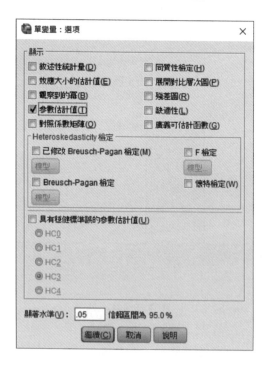

步驟 8 變成以下的畫面時，按 確定 。

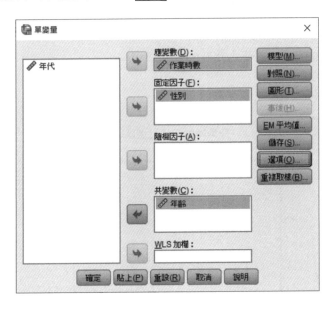

【**SPSS 輸出・1**】——一般線性模式……交互作用

受試者間效應項的檢定

依變數：作業時數

來源	型 III 平方和	自由度	平均平方和	F 檢定	顯著性	
校正後的模式	112.473[a]	3	37.491	4.533	.011	
截距	757.007	1	757.007	91.519	.000	
性別	55.004	1	55.004	6.650	.016	
年齡	53.260	1	53.260	6.439	.018	
性別＊年齡	37.255	1	37.255	4.504	.044	←①
誤差	215.060	26	8.272			
總和	9490.550	30				
校正後的總數	327.534	29				

a. R 平方 = .343 (調過後的 R 平方 = .268)

（註）以各年代計算平均值即為如下：

表 13.2.1

	10 世代	20 世代	30 世代	40 世代	50 世代
女性	13.77	14.33	16.37	17.27	21.03
男性	18.67	18.33	17.63	18.57	18.80

【輸出結果的判讀・1】——一般線性模式……交互作用

① 檢定因子與共變量的交互作用
　　假設 H_0：性別與年齡之間不存在交互作用
　　顯著機率 0.044 ＜顯著水準 0.05
　　假設 H_0 被捨棄。
　　因之，性別與年齡之間存在交互作用。

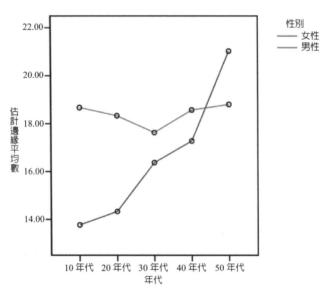

作業時間的估計邊緣平均數

（註）性別與年齡之間無交互作用時→折線圖形平行。

【SPSS 輸出・2】——一般線性模式……交互作用

參數估計值

依變數：作業時數

參數	迴歸係數B	標準誤	t	顯著性	95% 信賴區間		
					下限	上限	
截距	17.823	2.062	8.642	.000	13.584	22.062	←③
[性別]=1]	-7.568	2.935	-2.579	.016	-13.601	-1.536	←②
[性別]=2]	0ᵃ	.	.	.	.	.	
年齡	.016	.053	.300	.767	-.093	.125	←③
[性別]=1] * 年齡	.163	.077	2.122	.044	.005	.321	←②
[性別]=2] * 年齡	0ᵃ	.	.	.	.	.	

a. 此參數 因重疊而設定為零。

【輸出結果的判讀・2】──一般線性模式……交互作用

② 男性的迴歸直線

$$\text{作業時間} = \underbrace{(17.823 + 0)}_{\text{截距}} + \underbrace{(0.016 + 0.163)}_{\text{斜率}} \times \text{年齡}$$

作業時間 = 17.823 + 0.016 × 年齡

③ 女性的迴歸直線

$$\text{作業時間} = \underbrace{(17.823 - 7.568)}_{\text{截距}} + \underbrace{(0.016 + 0.163)}_{\text{斜率}} \times \text{年齡}$$

作業時間 = 10.255 + 0.179 × 年齡

因此，①的檢定也成為 2 條迴歸直線之斜率之差的檢定。

Note

第 14 章
單一個案分析
——從測量值分析

本章內容

14.1 單一個案（single case）

　　如果你研究單一個案，那稱為 single-case study，研究多個個案，稱為 multiple-case study。有人認為個案研究的資料來源只能是質性資料，其實不然。有些個案研究法的資料，全部都是量化資料。嚴格地說，質化與量化資料並不能區分很多研究法，就像用問卷資料，雖然是數字為主，但有些分類問題或開放性問題，一樣可以用量化的方法來分析。

　　以下的資料是針對 1 位受試者，在心理療法之前與心理療法之後，分別進行 10 次包姆（Baum）試驗的結果。

表 14.1.1

心理療法前

次數	測量值
第 1 次	13
第 2 次	17
第 3 次	15
第 4 次	19
第 5 次	17
第 6 次	21
第 7 次	19
第 8 次	23
第 9 次	20
第 10 次	24

心理療法後

次數	測量值
第 1 次	27
第 2 次	29
第 3 次	28
第 4 次	30
第 5 次	29
第 6 次	31
第 7 次	30
第 8 次	32
第 9 次	31
第 10 次	32

Tea Break

所謂包姆試驗是讓人畫出樹木的試驗。

想分析的事情是？

1. 在心理療法前與心理療法後，測量值有無差異。
2. 心理療法後比心理療法前，測量值是否提高。
3. 在心理療法前與心理療法後，測量值的變化比率是否相同。

此時，可以考慮如下的統計處理。

■ 統計處理 1

以折線圖表現觀測值，調查心理療法前與心理療法後之變化。

■ 統計處理 2

進行連（run）的檢定，調查測量值有無趨勢。

■ 統計處理 3

測量值的變化大時，將測量值進行對數變換，以折線圖表現看看。

■ 統計處理 4

分別以心理療法前與心理療法後進行簡單迴歸，調查直線的斜率是否相同。

撰寫論文時

1. 單一個案時
　「……測量值的圖形表現時，即為如下：

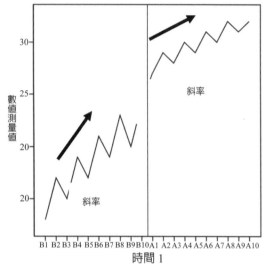

【心理療法前】　　　　　【心理療法後】

　　觀此圖形時，在心理療法前與心理療法後，可以看出測量值的變化的斜率有差異。

　　因此，將區間取成固定因子，時間取成共變量，利用一般線性模式進行迴歸直線之斜率差的檢定之後，F 值是 5.736，顯著機率是 0.029，知兩條直線的斜率有差異。

　　並且，從心理療法前到心理療法後，進行連的檢定之後，漸近顯著水準機率是 0.000，知有趨勢。由以上事項知……」

2. 但，測量值的變動大時，單邊對數圖形也是有效的。

【數據輸出類型】

表 14.1.1 的資料，如下輸入：

	組	時間1	時間2	測量值	Var	Var	Var	Var	Var	Var	Var
1	1	B1	1	13							
2	1	B2	2	17							
3	1	B3	3	15							
4	1	B4	4	19							
5	1	B5	5	17							
6	1	B6	6	21							
7	1	B7	7	19							
8	1	B8	8	23							
9	1	B9	9	20							
10	1	B10	10	24							
11	2	A1	1	27							
12	2	A2	2	29							
13	2	A3	3	28							
14	2	A4	4	30							
15	2	A5	5	29							
16	2	A6	6	31							
17	2	A7	7	30							
18	2	A8	8	32							
19	2	A9	9	31							
20	2	A10	10	32							
21											

	組	時間1	時間2	測量值	Var	Var	Var	Var	Var	Var	Var
1	心理療法前	B1	1	13							
2	心理療法前	B2	2	17							
3	心理療法前	B3	3	15							
4	心理療法前	B4	4	19							
5	心理療法前	B5	5	17							
6	心理療法前	B6	6	21							
7	心理療法前	B7	7	19							
8	心理療法前	B8	8	23							
9	心理療法前	B9	9	20							
10	心理療法前	B10	10	24							
11	心理療法後	A1	1	27							
12	心理療法後	A2	2	29							
13	心理療法後	A3	3	28							
14	心理療法後	A4	4	30							
15	心理療法後	A5	5	29							
16	心理療法後	A6	6	31							
17	心理療法後	A7	7	30							
18	心理療法後	A8	8	32							
19	心理療法後	A9	9	31							
20	心理療法後	A10	10	32							
21											

14.2 利用 SPSS 的線形圖

步驟 1 表 14.1.1 的資料輸入時，從 圖形 (G) 的舊式對話框的清單中如下選擇。

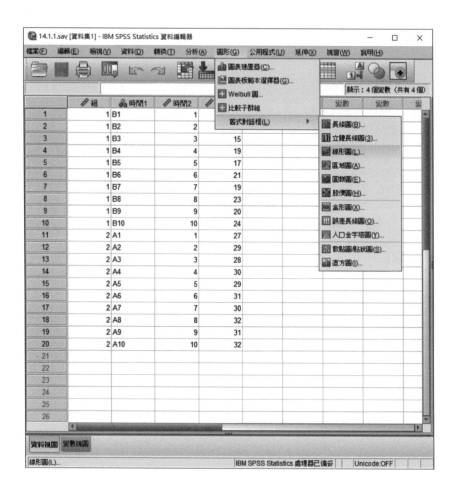

步驟 2 變成 線形圖 的畫面時，如下選擇後，按一下 定義 。

步驟 3　變成以下的畫面時,將測量值移到線形圖表示 (L) 的方框中。

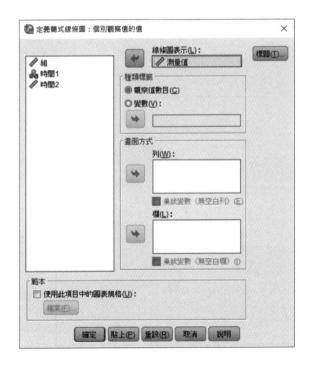

步驟 4 將時間 1 移到<u>種類標籤的變數 (V)</u> 的方框後，按 確定 。

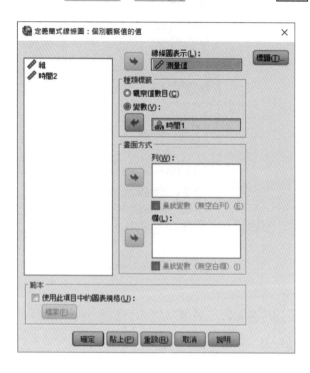

【**SPSS 輸出**】——折線圖

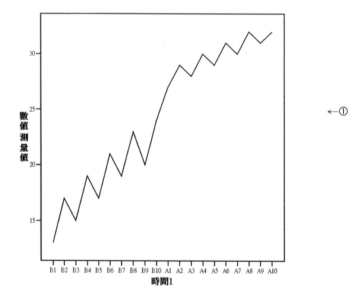

【輸出結果的判讀】——線形圖

① 線形圖

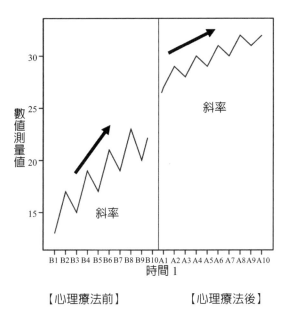

【心理療法前】　　　　　【心理療法後】

觀此圖形時，心理療法前與心理療法後，樹葉的數目似乎有差異。

在心理療法前與心理療法後，斜率似乎不同。

14.3 利用 SPSS 的連檢定

步驟 1　表 14.1.1 的資料輸入時，從 分析 (A) 的舊式對話框的清單中如下選擇。

步驟 2　變成了 連串檢定 的畫面時……

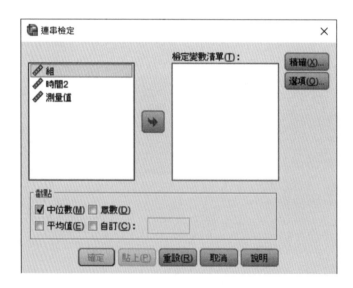

步驟 3 　將測量值移到檢定變數清單 (T) 中，按 確定 。

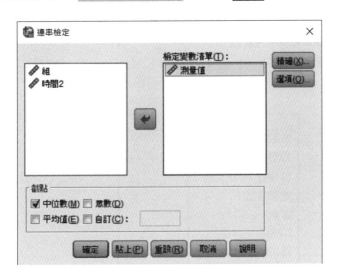

精確機率檢定時

進行精準檢定（Exact test）時，從步驟 3 的畫面開始。

1. 按一下精確機率 (X)

2. 變成以下的畫面時，選擇精確 (E)，按 繼續 。

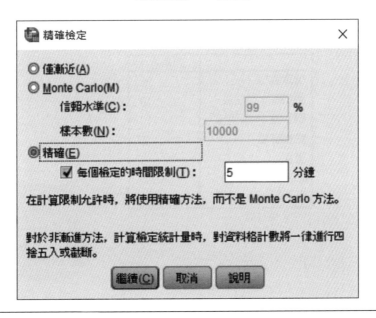

【SPSS 輸出】── 連檢定

→ NPar 檢定

連檢定

	測量值
檢定值ᵃ	26
觀察值 < 檢定值	10
觀察值 >= 檢定值	10
總觀察值	20
連數	2
Z 檢定	-3.905
漸近顯著性 (雙尾)	.000

a. 中位數

←①

進行精確機率檢定的結果即為如下。

→ NPar 檢定

連檢定

	測量值
檢定值ᵃ	26
觀察值 < 檢定值	10
觀察值 >= 檢定值	10
總觀察值	20
連數	2
Z 檢定	-3.905
漸近顯著性 (雙尾)	.000

a. 中位數

←②

【輸出結果的判讀】 ── 連檢定

① 連檢定
  假設 H_0：沒有趨勢
  漸近顯著機率 0.000 ＜顯著水準 0.05
  假設 H_0 被否定。
  因此，由於有趨勢，因之心理療法後比心理療法前，葉子的數目可以認
  為較多。

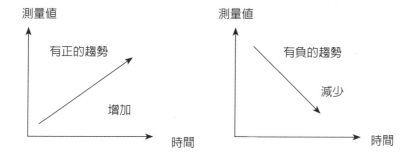

② 精準檢定
  ①與②的不同在於檢定統計量是否近似服從常態分配。

14.4 SPSS 的時間數列圖形──單邊對數

步驟 1 表 14.1.1 的資料輸入後，如下從分析選擇預測中的序列圖。

步驟 2 變成序列圖的畫面時，將測量值移到變數 (V) 的方框中。

步驟 3　將時間 1 移到時間軸標籤 (A) 的方框中。

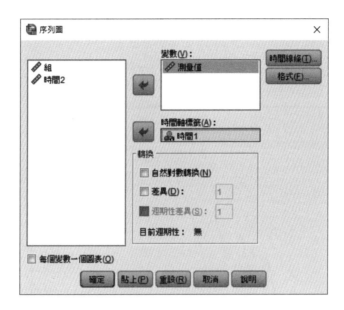

步驟 4　在轉換的地方如下勾選後，按 確定 。

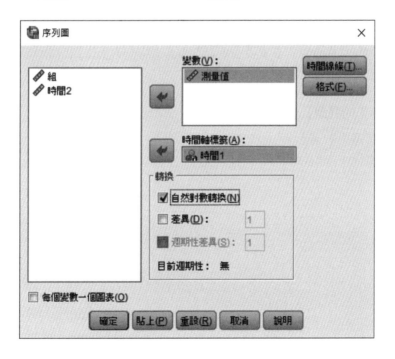

【SPSS 輸出】——時間數列圖形

TSPLOT

MODEL: MOD_1.

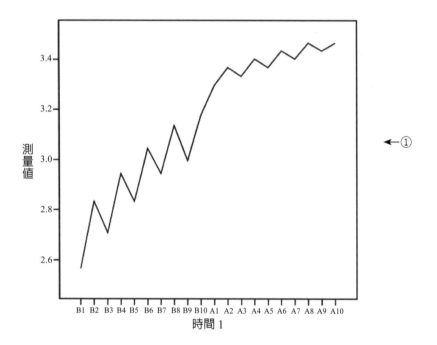 ←①

【輸出結果的判讀】——時間數列圖形

① 這是單邊對數圖形。

   Y 軸變成了 $\log_e$（測量值）。

14.5　SPSS 的一般線性模式

步驟 1　表 14.1.1 的資料輸入後，如下選擇。一般線性模型 (G) 中的單變量 (U)。

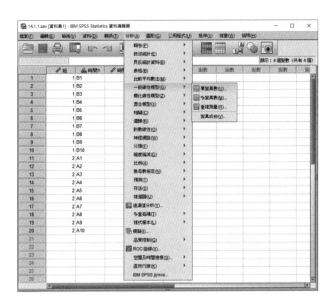

步驟 2　將各變數如下移動，按一下模型 (M)。

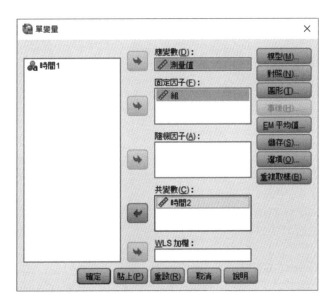

步驟 3　模型的畫面變成如下：
　　　　想建構模型時，按一下建置項目 (B)。

步驟 4　如下建構模型後，按 繼續。

步驟 5　回到以下畫面時，按一下選項 (O)。

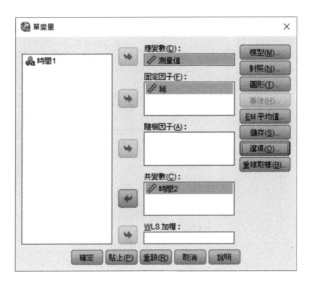

步驟 6　變成選項的畫面時，如下勾選後，按 繼續。

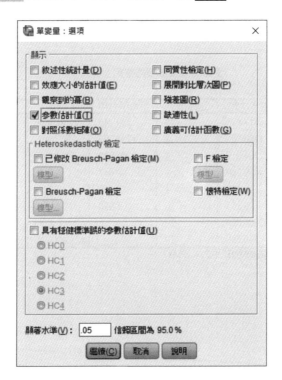

步驟 7 回到以下畫面時，按 確定 。

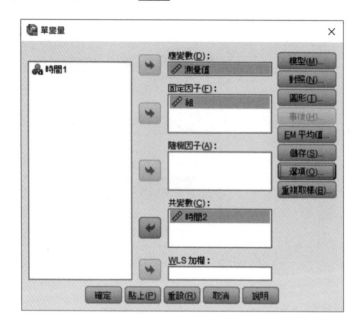

【SPSS 輸出・1】——一般線性模式

受試者間效應項的檢定

依變數:測量值

來源	型 III 平方和	自由度	平均平方和	F 檢定	顯著性	
校正後的模式	717.435ᵃ	3	239.145	131.420	.000	
截距	1760.305	1	1760.305	967.361	.000	
組	206.019	1	206.019	113.216	.000	
時間2	90.947	1	90.947	49.979	.000	←①
組 *時間2	10.438	1	10.438	5.736	.029	
誤差	29.115	16	1.820			
總和	12605.000	20				
校正後的總數	746.550	19				

a. R 平方 = .961 (調過後的R 平方 = .954)

【輸出結果的判讀・1】——一般線性模式

① 平行性檢定

　假設 H_0：2 條迴歸直線的斜率相等

　顯著機率 0.029 ＜顯著水準 0.05

　假設 H_0 被否定。

　因此，心理療法前的迴歸直線的斜率，與心理療法後的迴歸直線的斜率，知是不同的。

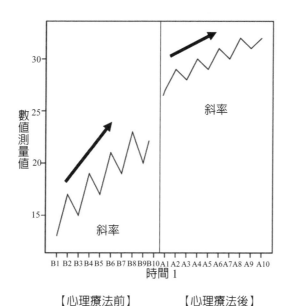

【心理療法前】　　　【心理療法後】

【SPSS 輸出・2】——一般線性模式

參數估計值

依變數:測量值

參數	迴歸係數 B	標準誤	t	顯著性	95％ 信賴區間 下限	上限	
截距	27.200	.922	29.517	.000	25.246	29.154	←②
[組=1]	-13.867	1.303	-10.640	.000	-16.629	-11.104	←③
[組=2]	0ª	.	.	.	.	.	
時間2	.491	.149	3.305	.004	.176	.806	
[組=1]＊時間2	.503	.210	2.395	.029	.058	.948	←②
[組=2]＊時間2	0ª	.	.	.	.	.	←③

a. 此參數因重疊而設定為零。

係數ª

模式		未標準化係數		標準化係數	t	顯著性
		B 之估計值	標準誤	Beta 分配		
1	(常數)	13.333	1.186		11.246	.000
	時間2	.994	.191	.879	5.202	.001

a. 依變數：測量值

←④

係數ª

模式		未標準化係數		標準化係數	t	顯著性
		B 之估計值	標準誤	Beta 分配		
1	(常數)	27.200	.541		50.273	.000
	時間2	.491	.087	.894	5.630	.000

a. 依變數：測量值

←⑤

【輸出結果的判讀・2】——一般線性模式

② 區間 1 的迴歸直線

區間 1 的迴歸直線式如下：

$$Y = (27.200 - 13.867) + (0.491 + 0.503) \times 時間$$
$$= 13.333 + 0.994 \times 時間$$

③ 區間 2 的迴歸直線

區間 2 的迴歸直線如下：

$$Y = (27.200 + 0) + (0.491 + 0) \times 時間$$
$$= 27.200 + 0.491 \times 時間$$

④ 指在心理療法前進行簡單迴歸分析之結果。

⑤ 指在心理療法後進行簡單迴歸分析之結果。

第 15 章
測量的信度與效度

本章內容

與身高、體重或血糖值等的物理性資料、生理資料不同，測量人的心理特性或能力等的構成概念時，需要討論測量是否有信度、效度。本章就測量心理上的構成構念時，所需之測量的信度與效度進行說明。

15.1 測量的信度

■ 簡介

1.何謂信度

所謂信度（reliability）是考察尺度對實際在測量的對象其被測量的精確度達到何種程度的一種想法，指的是尺度分數或項目分數在各受試者的一致程度。此處所說的一致性，是指再一次進行相同的測量是否可得出相同之值，對相同的項目是否有相同的回答等。要注意的是信度只涉及尺度分數（項目分數）一致的程度，測量什麼並未列入信度之中。信度只是表示測量值一致的程度，並未討論該測量值是針對什麼。測量什麼，以及它作為研究是否切題中肯，即為後述的效度的主題。

評估測量的信度之指標，定義有信度係數（Reliability coefficient）。建立觀測分數的真正分數與誤差之和的模式，並假定誤差的平均是 0，同時誤差之間以及真正分數與誤差之間無相關時，信度係數可定義為真正分數的變異數與觀測分數的變異數之比（參照（15.3）式）。由定義似乎可以明白，信度係數之值在 0 與 1 之間。值愈接近 1，表示測量的信度愈高。

測量的信度愈高，個人的觀測分數愈穩定。以表示個人的觀測分數可能變動多少之指標來說，有測量的標準誤（Standard error of measurement）。這是 1 減掉信度係數之值後取開方再乘上觀測分數的標準差所計算的，信度係數愈高，測量的標準誤之值即愈小。

2.信度係數的估計

在信度係數的定義之中，能從數據計算的是觀測分數的變異數，真正分數的變異數是不得而知的。因此可以考慮幾種估計信度係數的方法。

首先是利用重現性的方法。信度是尺度分數在各受試者的一致程度，在心理分數（真正分數）未改變之期間再次實施相同的測量，蒐集 2 次的資料。如此一來，2 次的尺度分數間之相關係數，即為使用該尺度所測量的信度係數的估計值。如此的方式所估計的信賴係數稱為再檢查信度係數（test-retest reliability coefficient）。

像能力測驗或學力測驗等之情形，一旦解答方法知道時，進行同樣的測

量變得極爲輕鬆。對於此種情形，並非 2 次進行相同的測量，第 2 次項目雖然不同，但內容要使用同等的項目進行測量。此等 2 個尺度分數間的相關係數，即爲使用該尺度測量的信度係數的估計值。如此所估計的信度係數稱爲平行檢查信度係數。

利用項目分數的內部一致性來估計信度係數之值的方法也可以考慮。測量某心理特性之尺度，一般的情形是由與該特性有關聯的數個項目所取代。因爲是與相同特性有關聯之項目，對這些項目之回答在各受試者理應具有一致的傾向。此種傾向稱爲內部一致性，基於此內部一致性所估計的信度係數經常使用 Chronbach 的 α 係數，計算式參考本章的附錄（15.5）。

■ 解析例

例 15.1.1

① 資料

將自己的事情向他人談即所謂的「自我開示」（自我揭露）。適度的進行自我表示，是圓滑地進行與人之間（特別是初次見面的人）的溝通所需要的。此處爲了開發老年所使用的「自我開示尺度」，針對 100 名老年人間隔 2 週實施 2 次如表 15.1.1 的問卷，使用所蒐集的資料，檢討測量的信度。

表 15.1.1　問卷

就以下的各項目，針對初次見面的人，您自己開口說話能到什麼程度呢？
在以下的 1～5 之中，請在合適的地方加上○。
1. 自己完全不開口說話
2. 自己不太開口說話
3. 很難說
4. 某種程度地自己開口說話
5. 自己主動開口說話

項目	自己主動開口說話				自己完全不開口說話
1. 自己的興趣	5	4	3	2	1
2. 出身地	5	4	3	2	1
3. 孫子的事情	5	4	3	2	1
:		:		:	
:		:		:	

[2] 資料輸入的形式

　　在 SPSS 編輯程式中如圖 15.1.1 那樣輸入。「item1」到「item9」的變數是表示各項目。「自我開示合計」是 9 個項目分數的合計。計算合計分數時，按【轉換】→【計算】進行，做成如圖 15.1.2 所示那樣即可。「自己開示再檢查」是兩週後再檢查時的合計分數（2 週後各項目的分數省略）。

	OBS	item1	item2	item3	item4	item5	item6	item7	item8	item9	自己開示合計	自己開示再檢查	閾口次數	外向性	var	var
1	1.00	5.00	3.00	4.00	2.00	5.00	4.00	3.00	3.00	3.00	32.00	31.00	8.00	37.00		
2	2.00	2.00	3.00	3.00	2.00	3.00	2.00	2.00	3.00	3.00	21.00	25.00	4.00	36.00		
3	3.00	1.00	3.00	4.00	4.00	3.00	2.00	2.00	2.00	3.00	27.00	25.00	5.00	31.00		
4	4.00	3.00	3.00	4.00	2.00	3.00	3.00	2.00	2.00	2.00	24.00	24.00	4.00	34.00		
5	5.00	4.00	3.00	4.00	2.00	2.00	2.00	2.00	3.00	3.00	26.00	24.00	3.00	22.00		
6	6.00	2.00	4.00	2.00	3.00	1.00	3.00	3.00	3.00	1.00	22.00	23.00	4.00	31.00		
7	7.00	1.00	2.00	2.00	2.00	2.00	4.00	2.00	4.00	3.00	21.00	24.00	3.00	24.00		
8	8.00	3.00	3.00	2.00	2.00	1.00	2.00	3.00	3.00	3.00	23.00	22.00	4.00	20.00		
9	9.00	1.00	2.00	3.00	2.00	4.00	2.00	2.00	3.00	4.00	23.00	21.00	3.00	23.00		
10	10.00	1.00	2.00	2.00	2.00	3.00	2.00	3.00	3.00	4.00	22.00	22.00	7.00	26.00		
11	11.00	2.00	4.00	4.00	3.00	2.00	2.00	2.00	2.00	2.00	19.00	14.00	5.00	26.00		
12	12.00	3.00	3.00	4.00	3.00	3.00	3.00	3.00	3.00	2.00	27.00	27.00	4.00	27.00		
13	13.00	1.00	2.00	3.00	3.00	3.00	3.00	3.00	2.00	3.00	25.00	23.00	6.00	26.00		
14	14.00	2.00	1.00	2.00	2.00	3.00	3.00	2.00	1.00	2.00	18.00	24.00	3.00	28.00		
15	15.00	2.00	3.00	2.00	3.00	3.00	3.00	3.00	3.00	3.00	24.00	26.00	4.00	30.00		
16	16.00	4.00	4.00	3.00	3.00	3.00	3.00	3.00	2.00	2.00	28.00	25.00	5.00	23.00		
17	17.00	2.00	1.00	4.00	2.00	2.00	3.00	3.00	5.00	3.00	28.00	26.00	4.00	26.00		
18	18.00	2.00	3.00	4.00	2.00	3.00	4.00	2.00	2.00	3.00	25.00	27.00	2.00	37.00		
19	19.00	3.00	3.00	3.00	3.00	3.00	2.00	2.00	2.00	4.00	26.00	19.00	7.00	23.00		
20	20.00	3.00	3.00	4.00	2.00	3.00	3.00	2.00	3.00	3.00	26.00	19.00	7.00	32.00		
21	21.00	2.00	3.00	3.00	4.00	3.00	4.00	4.00	3.00	3.00	29.00	23.00	1.00	24.00		
22	22.00	1.00	3.00	3.00	2.00	3.00	3.00	3.00	4.00	4.00	26.00	30.00	7.00	23.00		
23	23.00	5.00	5.00	3.00	1.00	1.00	3.00	3.00	3.00	3.00	26.00	22.00	1.00	26.00		
24	24.00	2.00	3.00	2.00	4.00	2.00	3.00	2.00	2.00	1.00	20.00	18.00	3.00	27.00		
25	25.00	2.00	3.00	4.00	2.00	4.00	2.00	3.00	4.00	3.00	27.00	19.00	4.00	28.00		
26	26.00	3.00	3.00	2.00	2.00	4.00	4.00	2.00	3.00	3.00	25.00	26.00	2.00	28.00		
27	27.00	1.00	1.00	1.00	2.00	3.00	3.00	2.00	1.00	1.00	14.00	18.00	7.00	22.00		
28	28.00	1.00	2.00	4.00	1.00	3.00	3.00	2.00	1.00	1.00	20.00	18.00	4.00	32.00		

資料檢視 ／ 變數檢視 ／

圖 15.1.1　輸入資料

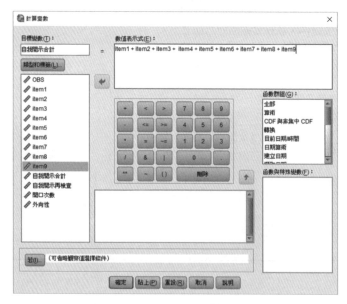

圖 15.1.2　合計分數的計算

③ 分析的步驟

計算 α 係數時，按照【分析】→【尺度】→【信度分析】進行。於是開啓如圖 15.1.3 那樣的畫面，將分析的項目由左方的方框移到右方的方框中。並且，確認「模式」成爲「Alpha 值」（初期設定是 Alpha）。在「統計量」選項中出現有「刪除項目後的量尺摘要」，可先點選。這是除去各項目後，只利用剩下的項目時計算 α 係數之值會變成多少的選項。另外，也點選「項目」、「尺度」的選項時，即會顯示各項目及合計分數的平均值與標準差。

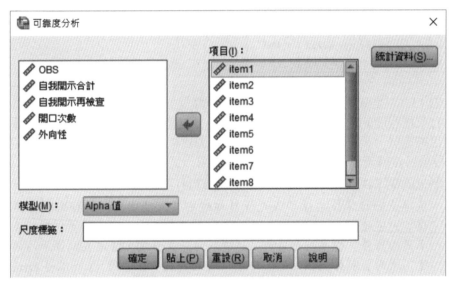

圖 15.1.3　Alpha 係數的計算

估計再檢查信度係數時，要計算「自我開示合計」與「自我開示再檢查」的相關係數。按【分析】→【相關】→【雙變量】進行，點選「自我開示合計」與「自我開示再檢查」2 個變數後按「確定」。

④ 結果

首先，各項目及合計分數的平均值與標準差，如表 15.1.2 所示。可以推察出任一項目的平均值均接近 3，標準差在 1 前後，回答並未包含極端的 1或 5 的不適切項目。

表 15.1.2　各項目及合計分數的平均值與標準差

項目統計量			
	平均數	標準差	個數
item1	2.5900	1.18998	100
item2	2.6800	1.05294	100
item3	3.1400	.91032	100
item4	2.5800	.95537	100
item5	2.6100	1.06263	100
item6	3.2000	.93203	100
item7	2.5700	.89052	100
item8	2.5500	.82112	100
item9	2.6000	1.01504	100

尺度統計量			
平均數	變異數	標準差	項目的個數
24.5200	24.596	4.95939	9

　　表 15.1.3 是 α 係數的估計值。9 項目全體是 0.724 之值。此 9 項目可以預估有某種程度的內部一致性。如觀察各項目被刪除時的 α 係數時，不管哪一項目被刪除，α 係數之值均比 0.724 小，因之任一項目均不需要刪除，使用 9 個項目建構老年人所用的自我開示尺度可以認為是適當的。

　　測量的標準誤被計算出是 $4.959 \times \sqrt{(1-0.724)} = 2.605$。

註：標準差和標準誤：標準誤是資料描述中常見的字眼，由於它和標準差僅有一字之差，因此許多人常把它和標準差混為一談，其實它們代表著不同的意義。標準差是用來描述資料的分散程度，標準差就像平均值一樣，是對資料的一種描述。但標準誤則不然，標準誤（standard error）基本上是估計值的抽樣分布的標準差，可用來描述估計值與母群體真值之間的誤差。

表 15.1.3　尺度的 α 係數與各項目被刪除時的 α 係數

信度統計量	
Cronbach's Alpha 值	項目的個數
.724	9

項目總和統計量				
	項目刪除時的尺度平均數	項目刪除時的尺度變異數	修正的項目總相關	項目刪除時的 Cronbach's Alpha 值
item1	21.9300	19.803	.319	.719
item2	21.8400	20.237	.343	.711
item3	21.3800	19.450	.538	.677
item4	21.9400	19.208	.534	.676
item5	21.9100	20.669	.290	.721
item6	21.3200	19.775	.477	.687
item7	21.9500	20.957	.349	.708
item8	21.9700	20.716	.429	.697
item9	21.9200	20.115	.379	.704

「自我開示合計」與「自我開示再檢查」的相關係數，亦即「再檢查信度係數」如表 15.1.4 所示可估計為 0.753。

表 15.1.4　再檢查信度係數

相關			
		自我開示合計	自我開示再檢查
自我開示合計	Pearson 相關 顯著性（雙尾） 個數	1 100	.753** .000 100
自我開示再檢查	Pearson 相關 顯著性（雙尾） 個數	.753** .000 100	1 100

**. 在顯著水準為 0.01 時（雙尾），相關顯著。

測量的信度Q＆A

Q1 信度係數的估計法有幾種，要使用何者為宜呢？

A1 雖然任一種方法估計信度係數都是不錯的，但一致性的掌握方式略為不同。一旦解決方法知道了，下一次執行時就會非常順利，這無法使用再檢查信度係數。測量的心理特性容易改變時，不管是再檢查信度係數或平行檢查信度係數均不合適，α 係數因為能以一次測量即可計算，這些情形均能使用。
如果是建立尺度的研究時，至少有需要以 2 種方法估計信度係數。許多時候，似乎可以使用 α 係數與再檢查信度係數。
並且，一般來說估計值依樣本的取法值會發生變動，依樣本的大小而異，變動的大小是不同的（愈是大的樣本，變動的大小即愈小）。因之，於報告信度係數之值，不只是信度係數，樣本數及測量的標準誤差也要報告。

Q2 聽說估計信度係數有 Kuder-Richardson 的公式，這是什麼呢？

A2 各項目的分數是 1 或 0，亦即正確回答是 1，錯答是 0 時求 α 係數的公式（計算式）。

Q3 信度係數之值要多少才算可以呢？

A3 一般來說，像能力測驗或學力測驗等要在 0.8 以上，性向測驗等要在 0.7以上，可是，信度係數之值要多少才好，是隨測量的目的而改變的。利用尺度分數比較幾個群的平均值時，此種程度的信度也許可以說是沒有問題的，但求尺度分數間的相關時也許還不夠。比較平均時，如信度低可利

用增加受試者人數來彌補，但信度低的測量值之間的相關係數會比真正的相關係數之值還小（相關係數的稀釋）。

Q4 3 項目的 α 係數之值超過 0.8。以此當作尺度可以嗎？

A4 項目數少時，效度有可能會變低，因之需要注意。α 係數是基於與相同的心理特性有關聯的項目具有一致性之傾向所進行的回答來評估信度，如果具有完全相同的項目，即使是 2、3 個項目，也可使 α 係數之值變大。可是，此時已完全相同的 2、3 個項目所掌握的心理特性就會變得非常狹隘的範圍，效度會變低。

Q5 在許多的項目（譬如 50 個項目）下，α 係數之值變成 0.9。這可以當作尺度嗎？

A5 項目數變多時，從求 α 係數的計算式來看，一般來說 α 係數之值會變大。如可聚集幾十個項目時，α 係數之值會變得非常高。可是，此時就可能會損及效度。針對幾十個項目回答，受試者會疲勞，中途生厭而馬虎回答或停止回答，注意力降低、跳過項目等。果真成為如此，不論 α 係數之值有多高，都不能說是有效度的測量。許多的心理測驗或性格測驗，對一個心理特性似乎使用 10 個項目左右，至多 20 項左右的項目數，使信度係數成為 0.8 或 0.7 來建構尺度。

Q6 聽說 α 係數是信度係數的下限的估計值，這是什麼意思呢？

A6 從資料所計算的 α 係數之值，是信度係數之真值的下限估計值。畢竟是估計值，所以信度係數的真值，不一定會比由資料所計算的 α 係數還高。

Q7 測量標準誤的意義是什麼？它是用來做什麼？

A7 測量標準誤是用來解釋一個人測驗分數之信度的方法，假如在標準的情境下，對同一受試者使用同一種測驗或其複本測驗，重複測量很多次，由於機會誤差的影響，則每次所得到的分數會不同，但仍會形成常態分配，而這個分配的標準差，即為測量標準誤。信度愈高，測量標準誤就愈小；信度愈低，測量標準誤就愈大。因為不可能對同一受試者重複測量相當多次，所以可用統計方法，直接由測驗的信度來計算測量標準誤，其公式如下：

$$SE_{means} = S_x \sqrt{1 - r_{xx}}$$

上式中，SE_{means} 為測量標準誤，S_x 為測量分數的標準差；r_{xx} 為測驗的信度係數。若測量分數的標準差為 10，信度是 .75，根據上式計算得知其測量標準誤為 5，如 A 生智力測驗得 100 分，則解釋 A 生的 IQ 分數時，就須考慮其可能的誤差範圍，即以統計上的「信賴區間」來說明這個人實得分數的範圍，在常態分配的假設下，A 生真正的 IQ 分數有 68.26% 的機率會落在實得分數上下 1 個測量標準誤之間（100±5，即為 95～105）。而有 95.44% 的機率會落在實得分數上下 2 個測量標準誤之間（100±2×5，即為 90～110）。即範圍愈大時，估計的正確性愈高。因此，採用測量標準誤來解釋個人分數，是以「一段分數」的範圍（a band of scores）來表示，並非以一個固定分數來表示。

15.2 測量的效度

■ 概要

1.何謂效度

效度（Validity）是考察問卷或測驗等的尺度（scale）是否可以測量出研究者想要了解的特質，當尺度可以測量出想要測量之構成概念就認為具有效度。尺度分數或項目分數意謂正確反映想測量的心理特性的程度 。因此，確認效度的方法，被認為是蒐集尺度分數（項目分數）使能正確反映想要測量的特質的證據。就測量而言，使用有效度的尺度獲得高信度資料甚為重要。

2.內容效度

內容效度（content validity）是評估尺度（問卷或測量等）所含的項目可以涵蓋研究對象的心理特性或能力到何種程度。譬如，測量對工作壓力的問卷確認其內容效度，是否只注意與上司的人際關係呢？其他像工作的內容或與同事的關係、待遇、福利保健等必須考慮的事項是否妥切地包含在內進行檢討。任誰都能看得懂的內容效度稱為「表面性效度」，由專家判斷的內容效度稱為「邏輯性效度」。

3.基準關聯效度

譬如，像是職業能力檢查與就業後之營業成績，或是對飲食有多少注意與體檢時身體質量指數（BMI:Body Mass Index）〔註：BMI = 體重（kg）/ 身高（m²）〕之值等，蒐集被認為與想測量的構成概念有關聯的外在基準（稱為基準變數）的資料，以尺度分數與基準變數之資料的關聯強度所評估的效度稱為「基準關聯效度」（criterion referenced validity）。與基準變數之關聯愈強，意謂愈有效度。以相關係數表示關聯的強度時，其相關係數稱為「效度係數」。

將基準關聯效度再細分時，像職業適應性檢查與營業成績等其基準值將來可取得時，稱為「預測性效度」（predict validity），對飲食注意的程度與 BMI 等尺度分數同時可取得基準值時，稱為「併存性效度」（concurrent validity）。

4.建構效度

建構效度（construct validity）是基於尺度分數就某構成概念進行解釋時，支持該解釋的證據之謂。譬如，目前有想要測量某個心理特性之一個尺度以及測量相同心理特性的另一個尺度，利用 2 個尺度所測量的尺度分數間假定

有強烈的相關係數時，即成為妥切測量想作為對象的心理特性的一個證據，此種效度稱為「收斂性效度」。另一方面，測量理論上被視為關聯弱的另一個心理特性的尺度分數，與目前想測量的心理特性的尺度分數之間可以看出弱的相關係數時，可以說呈現出能妥切測量作為對象的心理特性的一個證據。稱此為「區別效度」。譬如您開發了另一種智力測驗，此測驗就要與魏氏智力量表有高相關（收斂效度），和其他非智力測驗測出來的分數結果有低相關（區別效度）。

並且，確認是否與既有的理論或以往的經驗相抵觸，也可以說是利用建構效度來確認效度。

另外，先前所說明的內容效度、基準關聯效度，如果當作是明示解釋適切性證據的一種型態來掌握時，在建構效度的範圍內討論是可行的，最近不考慮許多的效度議題，統一地在建構效度的架構上討論。

■ 解析例

例 15.1.2

① 資料

考察例 15.1.1 所使用的老年人「自我開示尺度」的效度。以基準變數來說，在一定時間（15 分）與面談者談話之中，受試者有幾次談到自己的事情，使用「開口次數」來計數。並且，在對一般成年人的研究中，認為自己的開示度高的人，外向性也愈高，因之，也要觀察與「外向性」尺度（1 到 5 的 5 級法 10 項目，值愈高顯示愈外向）的分數之間的相關。

② 資料輸入形式

圖 15.1.1 中的「開口次數」與「外向性」的 2 個變數，是確認效度所使用的變數。

③ 分析的步驟

計算「自我開示合計」與「開口次數」及「外向性」之間的相關係數。為慎重起見，也計算「開口次數」與「外向性」之間的相關係數。按【分析】→【相關】→【雙變量】進行，如圖 15.2.1 所示，選擇 3 個變數後按「確定」。以選項來說，若想要檢查出平均值與標準差時，也可以輸入各變數的平均值與標準差。

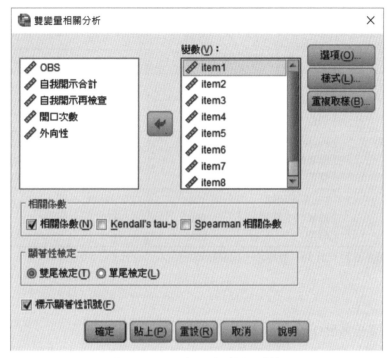

圖 15.2.1　相關係數的計算

④ 結果

　　各變數的平均值與標準差之值，就「開口次數」而言，平均值是 4.51，標準差是 2.047，就「外向性」而言，平均值是 29.53，標準差是 4.972。

　　變數間的相關係數如表 15.2.1 所示，「自我開示合計」與「開口次數」的相關係數，亦即以「開口次數」作爲基準變數時的效度係數之值是 0.476。這是中程度的相關，此結果顯示出自我開示度高時，開口次數也有高的傾向。

　　並且，「自我開示合計」與「外向性」的相關係數是 0.404，此結果也支持在老年人中，自我開示度高的人，也有外向性的傾向。

　　由以上，在使用「開口次數」與「外向性」的 2 個變數的情形中，用於老人「自我開示」的尺度在效度上可以獲得確認。

表 15.2.1　相關係數

相關		自我開示合計	開口次數	外向性
自我開示合計	Pearson 相關 顯著性（雙尾） 個數	1 100	.476** .000 100	.404** .000 100
開口次數	Pearson 相關 顯著性（雙尾） 個數	.476** .000 100	1 100	.282** .005 100
外向性	Pearson 相關 顯著性（雙尾） 個數	.404** .000 100	.282** .005 100	1 100

**. 在顯著水準為 0.01 時（雙尾），相關顯著。

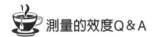 測量的效度Q＆A

Q1 信度高時，效度也高嗎？

A1 信度是考察尺度實際在測量的構成概念有多精確地被測量的一種概念，因此，所測量的構成概念與是否就是想測量的對象無關。相對地，效度是考察是否適切掌握想測量的對象的一種概念。因此，不管測量的信度有多高，如果是測量不切題的對象時，效度會變低。效度高，信度一定高，但信度高不一定效度高，信度不是效度的保證，測量如果沒有信度，自然就不會有效度。

Q2 信度低，效度也會高嗎？

A2 為了適切掌握想測量的構成概念，需要進行高精確的測量。測量的精確度低誤差大的測量，無法適切的掌握想測量的對象。為了進行效度高的測量，進行信度高的測量是需要的。因之，並無所謂的信度雖低而效度卻高之事。但是，過度地提高信度時，有時會損及效度。（15.1 節 Q5 參照），因之，略微降低信度，確保效度是有可能的。

Q3 想測量某心理特性，購買心理調查書籍研讀後，發現出被報告為高信度、高效度的尺度。自己的研究也想要使用它，但有何要注意的地方？

A3 信度、效度是取決於對哪種母體進行測量而定。因之，需要確認是以何種母體為對象。將外國所做成的尺度譯成本國語使用時，如果與自己的對象母體不同時，信度、效度有需要重新確認。

信度、效度的高或低，是針對尺度分數或項目分數來說明，尺度本身並無普遍性的信度或效度。在使用該尺度的測量上考察有無信度、效度是適切的討論方式。針對某母體來說即使尺度可以進行信度、效度高的測量，但它對其他母體而言當被使用時，也不一定可以進行信度、效度高的測量。

Q4 不管效度如何區分，不管是以建構效度來統一地討論也好，要顯示何種的證據才可以確認效度呢？

A4 為了效度的確認所蒐集的各種證據，不過是滿足必要條件而已，要顯示什麼才算是足夠是很難一概而論的。但是，回到效度的定義，如想考察「尺度實際在測量的構成概念，可以妥切掌握自己想作為對象的心理特性或能力到何種程度」時，與反映想作為對象之構成概念的外在基準的關聯性，亦即基準關聯效度被認為必須顯示出來才行。

本章附錄

1.信度係數的定義

首先要建立觀測分數 (*X*) 是真正分數 (*T*) 與誤差 (*E*) 之和的模式。

$$X = T + E \quad\cdots\cdots\cdots\cdots\cdots\cdots\cdots\cdots\cdots\cdots (15.1)$$

觀測分數亦即指資料。真正分數是表示被測量的人之心理特性的真正程度。此處,如假定誤差的平均值是 0,以及真正分數與誤差的相關係數是 0(無相關)時,觀測分數的變異數(σ_X^2),真正分數的變異數(σ_T^2),誤差的變異數(σ_E^2)之間成立如下關係。

$$\sigma_X^2 = \sigma_T^2 + \sigma_E^2 \quad\cdots\cdots\cdots\cdots\cdots\cdots\cdots\cdots (15.2)$$

亦即,觀測分數的變異數是真正分數的變異數與誤差的變異數相加而得。使用此關係可以如下定義信度係數。

$$信度係數 = \frac{\sigma_T^2}{\sigma_X^2} = \frac{\sigma_T^2}{\sigma_T^2 + \sigma_E^2} \quad\cdots\cdots\cdots\cdots (15.3)$$

2.再檢查信度係數

第一次測量的觀測分數、真正分數、誤差分數設為 X_1,T_1,E_1;第 2 次測量的觀測分數、真正分數、誤差設為 X_2,T_2,E_2。第 2 次的測量中,如果真正分數沒有變化時,可以當作 $T_1 = T_2 = T$。E_1 與 E_2 的平均均當作 0,變異數均當作 σ_E^2。並且,T_1 與 E_1,T_1 與 E_2,T_2 與 E_1,T_2 與 E_2,E_1 與 E_2 的各個相關係數假定是 0(無相關)時,X_1 與 X_2 的相關係數即與信度係數的定義是一致。

$$X_1 \text{ 與 } X_2 \text{ 的相關係數} = \frac{\sigma_T^2}{\sigma_T^2 + \sigma_E^2} \quad\cdots\cdots\cdots\cdots (15.4)$$

因之,2 次的測量值間的相關係數即為信度係數的估計值。

3.α 係數

項目數設為 m,各項目的變異數設為 σ_i^2,合計分數的變異數設為 σ_T^2 時,α 係數可以如下計算。α 係數是取 1 以下之值。

$$\alpha \text{ 係數} = \frac{m}{m-1} \times \left(1 - \frac{\sum \sigma_i^2}{\sigma_T^2}\right) \dots\dots\dots\dots\dots\dots\dots\dots (15.5)$$

A	B	C	D	E	F	G	H	I	J	K	L
	項目										
受試者	1	2	3	4	5	6	7	8	9	10	合計
1	4	3	3	2	1	1	3	3	3	1	24
2	4	2	3	5	4	2	4	1	2	1	28
3	5	5	2	3	4	5	3	3	4	3	37
4	4	3	3	5	3	5	2	3	3	4	35
5	4	3	1	5	3	4	1	5	5	3	34
6	3	4	2	5	4	4	2	2	4	5	35
7	5	5	5	5	5	4	5	5	2	5	46
8	1	1	3	2	3	2	2	3	3	3	23
9	2	3	4	2	1	3	4	3	4	2	28
10	1	4	3	3	4	2	3	4	5	3	32
11	5	4	3	5	3	5	5	5	5	5	45
12	4	2	1	3	1	1	3	2	1	1	19
13	2	3	3	2	2	2	2	1	2	4	25
14	2	4	3	2	2	4	1	3	4	2	26
15	3	1	2	3	1	2	1	2	3	1	19
變異數	1.92	1.55	1.07	1.84	1.84	2	1.78	1.71	1.52	2.27	69.543

$$1.92 + 1.55 + 1.07 + \dots + 2.27 = 17.5$$
$$\alpha = 10/(10-1) \times (1 - (17.5/69.5)) = 0.83$$

4. Kuder-Richardson's formula

項目數設為 m，各項目的答對人數占總人數之比率設為 p_i，合計分數的變異數設為 σ_T^2 時，α 係數可以如下計算（KR-20）：

$$\alpha \text{ 係數} = \frac{m}{m-1} \times \left(1 - \frac{\sum p_i(1-p_i)}{\sigma_T^2}\right) \dots\dots\dots\dots\dots\dots (15.6)$$

並且，各項目的正答幾乎相等時，使用 p_i 的平均值 $\bar{p}$ 可以更簡便地估計 α 係數（KR-21）：

$$\alpha \text{ 係數} = \frac{m}{m-1} \times \left(1 - \frac{m\bar{p}(1-\bar{p})}{\sigma_T^2}\right) \dots\dots\dots\dots\dots\dots (15.7)$$

	A	B	C	D	E	F	G	H	I	J	K	L	M	N
1	Kuder and Richardson's formula 20													
2	受試者	項目												
3		Q1	Q2	Q3	Q4	Q5	Q6	Q7	Q8	Q9	Q10	Q11	Total	
4	1	1	1	1	1	1	1	1	1	1	1	1	11	
5	2	1	1	1	1	1	1	1	1	0	1	0	9	
6	3	1	0	1	1	1	1	1	1	1	0	0	8	
7	4	1	1	1	0	1	1	0	1	1	0	0	7	
8	5	0	1	1	1	1	0	0	0	1	0	0	6	
9	6	1	1	1	0	1	1	1	1	0	0	0	6	
10	7	1	1	1	1	0	0	1	0	0	0	0	5	
11	8	0	1	1	1	1	0	0	0	0	0	0	5	
12	9	1	1	0	1	1	0	0	0	0	1	0	4	
13	10	1	0	0	1	0	1	0	0	0	0	0	3	
14	11	1	1	1	0	0	0	0	0	0	0	0	3	
15	12	1	0	0	1	0	0	0	0	0	0	0	2	
16	Total	10	9	9	9	8	6	5	5	4	3	1	69	
17														
18	p	0.833333	0.75	0.75	0.75	0.666667	0.5	0.416667	0.416667	0.333333	0.25	0.083333		
19	q	0.166667	0.25	0.25	0.25	0.333333	0.5	0.583333	0.583333	0.666667	0.75	0.916667		
20	pq	0.138889	0.1875	0.1875	0.1875	0.222222	0.25	0.243056	0.243056	0.222222	0.1875	0.076389	2.145833	
21														
22	k	11												
23	Σpq	2.145833												
24	var	6.520833												
25	α	0.738019												
26														

式中，
B22 = COUNTA(B3:L3)
B24 = VAR.P(M4:M15)
B25 = (B22/(B22-1))*(1-B23/B24)
α 係數為 0.738

第 16 章
路徑分析

本章內容

16.1 研究的背景與使用的數據

小時候曾聽過有「刮大風木桶店就會賺錢」的話題。

此話題在探討現實中有可能性的因果關係鏈，雖然是很有趣的，但某原因產生某結果，此結果又成為另一個事物的原因，從研究的角度來看，探討此種因果關係鏈的情形也很多。

本章想分析此種因果關係鏈看看。

此研究是探討如下的假設：

完美主義是會讓鬱悶或生氣的感情發生。

◆ 追求完美主義個性的人，為了想要完美，在日常各種事情之中，比不是如此的人，具有較容易感受到鬱悶或生氣此種感情的傾向。

鬱悶或生氣是攻擊行動的原因。

◆ 在日常生活中具有生氣與鬱悶之感情，是造成對他人產生攻擊行為的導火線。

此內容是以「完美主義→鬱悶或生氣→攻擊」三階段的因果鏈所構成。試以 Amos 分析探討此因果關係鏈看看。

使用的數據假想如下（假想數據），數據檔參 9-1.sav。

Tea Break

當你進行研究，你很可能在分析工作中已經在使用因子分析與迴歸分析結構方程模型（有時稱為路徑分析），可以幫助你獲得因果模型中額外的見解，並探討變數之間的交互效果與路徑，不論資料是否符合你的假設，SEM 可以讓你進行更嚴謹地檢定你建立更精確的模型——獲得與眾不同的研究成果與提高論文發表的機會。

	A	B	C	D	E	F	G	H
1	NO	完美主義	鬱悶	生氣	攻擊			
2	1	2	1	1	1			
3	2	3	3	4	2			
4	3	3	2	3	3			
5	4	3	1	1	1			
6	5	4	4	2	3			
7	6	2	4	2	3			
8	7	4	3	2	2			
9	8	2	5	3	3			
10	9	2	3	2	2			
11	10	3	3	2	2			
12	11	2	4	4	4			
13	12	1	2	1	1			
14	13	2	2	4	5			
15	14	3	3	2	2			
16	15	3	2	1	2			
17	16	2	2	3	1			
18	17	4	1	1	1			
19	18	1	2	3	1			
20	19	1	2	1	1			
21	20	3	2	2	2			
22	21	5	5	4	3			
23	22	3	3	3	3			
24	23	3	3	3	3			
25	24	3	4	3	3			
26	25	4	4	2	1			
27	26	4	4	4	4			
28	27	3	4	4	2			
29	28	2	2	1	1			
30	29	1	1	1	2			
31	30	2	2	1	2			
32	31	3	1	3	2			
33	32	1	3	4	5			
34	33	3	3	2	1			
35	34	4	4	4	2			
36	35	3	2	1	2			
37	36	2	2	3	1			
38	37	2	2	1	3			
39	38	1	2	4	3			
40	39	4	5	5	4			
41	40	1	1	3	3			
42	41	1	2	1	2			
43	42	2	4	2	1			
44	43	3	2	3	4			
45	44	2	3	3	2			
46	45	3	3	2	2			
47	46	5	3	4	5			
48	47	3	3	3	3			
49	48	2	2	2	2			
50	49	2	1	4	4			
51	50	3	3	3	3			
52	51	1	2	1	2			
53	52	1	1	1	2			
54	53	5	5	4	3			
55	54	4	4	2	3			
56	55	3	3	3	3			
57	56	4	5	5	4			
58	57	3	4	3	3			
59	58	1	2	1	2			
60	59	3	3	2	2			
61	60	4	4	2	3			

Sheet1

16.2 畫路徑圖 —— 畫因果關係鏈

16.2.1 資料的輸入與讀取

使用前面所學過的方法輸入資料,再以 Amos 讀取資料看看。

使用 SPSS、Excel、Textfile 中的任一方法輸入資料均無關係(此處是使用 SPSS 的檔案,9-1.sav)。

如 Data file(D) 的樣本數 N 顯示 60/60 時,即為已讀取 60 名的資料。

16.2.2 頁面布置的設定

此次是畫橫向的路徑圖,因之將頁面的方向改成 Landscape。

步驟 1 選擇 View → Interface properties。

步驟 2 將 Page Layout Tab 的 Paper Size 改成 Landscape -Letter,再按一下 Apply。

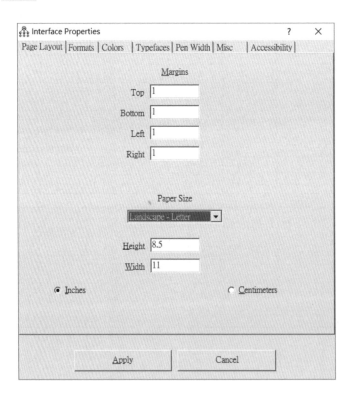

16.2.3 畫觀測變數

步驟 1　畫出如下的 4 個四方形：

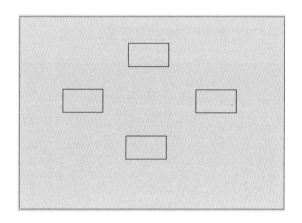

步驟 2　指定變數。

按一下 List variables in dataset 圖像（ ▤ ），或者從工具列選擇
View → Variables in dataset。

將「完美主義」指定在最左側的四方形中，將「鬱悶」與「生氣」指定在
中央的兩個四方形中，將「攻擊」指定在最右側的四方形中。

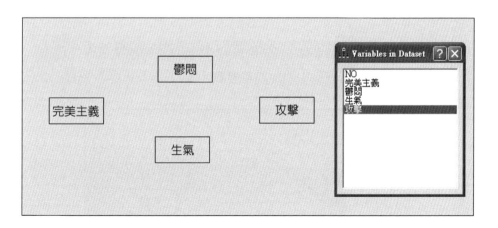

16.2.4 畫單向箭頭

步驟 1 按一下 Draw path(single headed arrows) 圖像（ ← ），畫出如下
的路徑。
也畫出從完美主義對攻擊的直接影響的路徑。

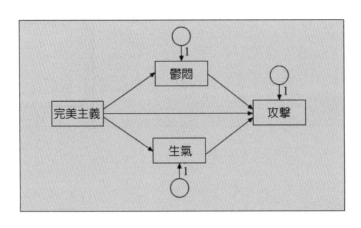

16.2.5 畫出誤差變數

◆ 追加誤差變數

　在內生變數（受其他變數影響的變數）的鬱悶、生氣、攻擊中，也畫出來
來自誤差的影響。

步驟 1 按一下 Add a unique Variable to an existing Variable 圖像（ ），
然後在各自的變數中追加誤差變數。

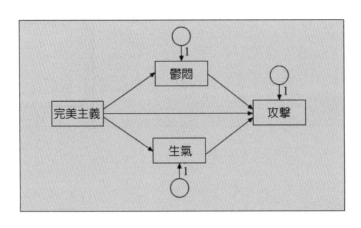

◆ 對誤差變數取名

步驟 2 選擇 Plugins → Name unobserved Variables。

HINT：開啓 Object properties 直接輸入變數名也行，但誤差個數變多時，如此的做法較爲方便。

HINT：Unobserved Variables 是指未能被觀測的變數包括潛在變數與誤差變數。

e1,e2,e3 等的誤差變數即被自動取名。

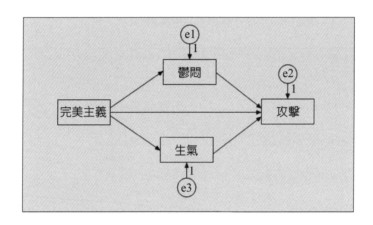

◆ 畫出誤差間的相關

鬱悶與生氣均有感情的共同要素。因此，除完美主義的影響外的要素之間（誤差），可以認爲有某種關聯。

步驟 3 因此，在 e1 與 e3 之間畫出共變異數（有相關、雙向箭線）。

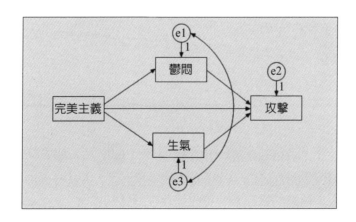

如此路徑圖即完成。

16.2.6 分析的指定與執行

進行分析及輸出的指定。

步驟 1　按一下 Analysis properties 圖像（　），或者從工具列選擇
　　　　　View → Analysis properties。
　　　　　點選 Output Tab。
　　　　　勾選 Standardized Estimates、Squared multiple correlations 之外，
　　　　　也勾選 Indirect, direct & total effects。

| Estimation | Numerical | Bias | Output | Bootstrap | Permutations | Random # | Title |

☑ Minimization history　　　　　☑ Indirect, direct & total effects

☑ Standardized estimates　　　　☐ Factor score weights

☑ Squared multiple correlations　☐ Covariances of estimates

☐ Sample moments　　　　　　　☐ Correlations of estimates

☐ Implied moments　　　　　　　☐ Critical ratios for differences

☐ All implied moments　　　　　☐ Tests for normality and outliers

☐ Residual moments　　　　　　☐ Observed information matrix

☐ Modification indices　　　　　4　　Threshold for modification indices

步驟 2　按一下 Calculate Estimates 圖像（　），或者從工具列選擇
　　　　　Analysis properties → Calculate Estimates，再執行分析。
　　　　　如要求檔案的儲存時，可先儲存在適當的場所。

16.3　觀察輸出──判斷因果關係鏈

16.3.1 觀察輸出路徑圖

步驟 1 顯示標準化估計值。按一下 View the output path diagram 圖像
（ ），按一下 Parameter Format 欄的 Standardized Estimates，
即變成如下。

> Unstandardized estimates
> Standardized estimates

標準化路徑係數

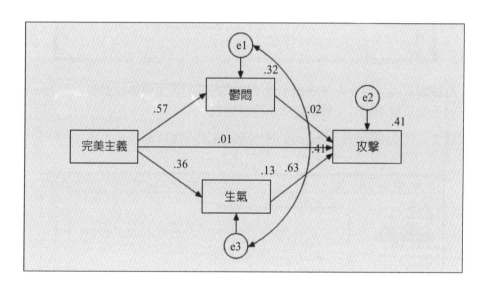

16.3.2 觀察正文輸出

步驟 1 按一下 View text output 圖像（ ▦ ），或者從工具列選擇
View → Text output。
觀察 Variables Summary。

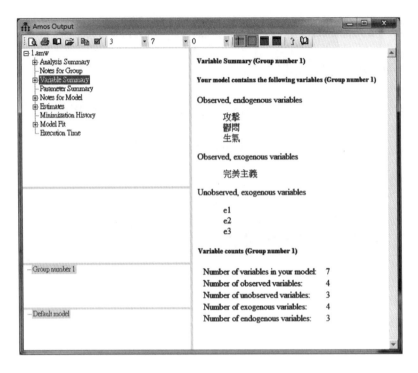

可被觀測的外生變數是完美主義，可被觀測的內生變數是鬱悶、生氣、攻擊，不能被觀測的外生變數是 3 個誤差變數。

步驟 2 在 Parameter Summary 中，確認各個的數目。

 Tea Break

至少接受一個單向箭線的變數稱為內生變數（endogenous variable），一個也未接受單向箭線的變數稱為外生變數（exogenous variable）。

步驟 3　試觀察 Notes for Model。
　　　　有自由度的計算欄以及結果欄。

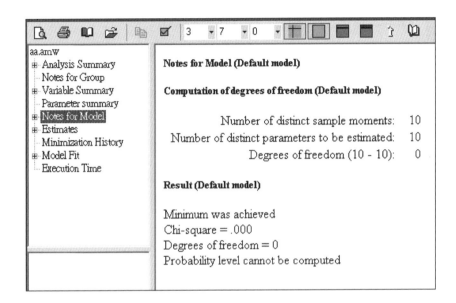

　　在自由度的計算中，確認出自由度（10-10）是 0 之值。
　　在結果欄中，有顯著水準不能計算 Probability level cannot computed 之顯示。也不妨記住此種的顯示。

步驟 4　觀察 Estimates。

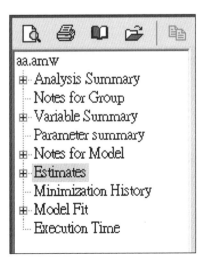

▲ 首先，觀察單向的路徑部分。從鬱悶到攻擊，從完美主義到攻擊的路徑似乎不顯著。

Regression Weights: (Group number 1 - Default model)

			Estimate	S.E.	C.R.	P	Label
鬱悶	<---	完美主義	.590	.112	5.265	***	
生氣	<---	完美主義	.378	.127	2.970	.003	
攻擊	<---	完美主義	.008	.117	.065	.948	
攻擊	<---	鬱悶	.015	.123	.122	.903	
攻擊	<---	生氣	.583	.108	5.405	***	

Standardized Regression Weights: (Group number 1 - Default model)

			Estimate
鬱悶	<---	完美主義	.565
生氣	<---	完美主義	.361
攻擊	<---	完美主義	.008
攻擊	<---	鬱悶	.016
攻擊	<---	生氣	.632

HINT：係數的輸出結果的項目順序，是取決於畫路徑圖的觀測變數的順序或畫箭線的順序而有所不同。

◆ 觀察共變異數與相關係數之相關

鬱悶與生氣的誤差間的相關是顯著。由於被認為具有「感情」的共同因素，因之可以說是妥當的結果。

Covariances: (Group number 1 - Default model)

			Estimate	S.E.	C.R.	P	Label
e1	<-->	e3	.421	.145	2.901	.004	

Correlations: (Group number 1 - Default model)

			Estimate
e1	<-->	e3	.408

◆觀察複相關係數的平方欄。
因顯示有名自的 R^2 值，不妨確認看看。

Squared Multiple Correlations: (Group number 1 - Default model)

	Estimate
生氣	.130
鬱悶	.320
攻擊	.414

步驟 5　因在 Output 的選項中有勾選，所以接著輸出「**Total Effects**」
「Direct Effects」「Indirect Effects」。不妨觀察標準化的數值看看。
　　　　◆首先是 Standardized Total Effects。這是綜合地表示完美主義、
　　　　　生氣、鬱悶對其他的變數具有多少的影響力。
HINT：試觀察剛才的路徑圖。完美主義到攻擊，有直接影響的路徑，與經
　　　　由鬱悶的路徑，以及經由生氣的路徑。將這些路徑的影響力全部綜
　　　　合之後即為「綜合效果」。

Standardized Total Effects (Group number 1 - Default model)

	完美主義	生氣	鬱悶
生氣	.361	.000	.000
鬱悶	.565	.000	.000
攻擊	.245	.632	.016

◆ 其次，觀察標準化直接效果。這是表示未介入其他的變數，直接以單向
箭線所連結之部分的影響力。

Standardized Direct Effects (Group number 1 - Default model)

	完美主義	生氣	鬱悶
生氣	.361	.000	.000
鬱悶	.565	.000	.000
攻擊	.008	.632	.016

◆ 其次，觀察標準化間接效果。這是表示介入其他的變數造成的影響。此
次的路徑圖，是表示介入鬱悶及生氣後完美主義對攻擊造成的影響力。
經由變數的影響力，是要從路徑係數來計算。
譬如，

完美主義 → 生氣 → 攻擊：$0.361 \times 0.632 = 0.228$
完美主義 → 鬱悶 → 攻擊：$0.565 \times 0.016 = 0.009$

接著，綜合兩者時，
從完美主義到攻擊的間接效果 $= 0.228 + 0.009 = 0.237$

Standardized Indirect Effects (Group number 1 - Default model)

	完美主義	生氣	鬱悶
生氣	.000	.000	.000
鬱悶	.000	.000	.000
攻擊	.237	.000	.000

另外，完美主義到攻擊的直接效果是 0.008，因此介入鬱悶與生氣的影響
力顯然較大。

16.4　改良模式──刪除路徑再分析

16.4.1 路徑圖的變更、輸出

　　觀察輸出似乎可知，由鬱悶到攻擊的路徑，以及由完美主義到攻擊的路徑幾乎都是 0。因此，想刪除此 2 條路徑再一次分析看看。

　　HINT：刪除此 2 條路與將此 2 條路徑固定成「0」是相同的。

步驟 1　按一下 View the input path diagram（model specification）圖像

（　），使之成為能變更路徑圖的狀態。

步驟 2　按一下 Erase Objects 圖像（　），刪除從鬱悶到攻擊以及從完美主義到攻擊的路徑。

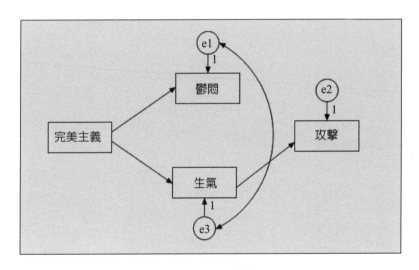

　　HINT：或者開啟 Object Properties，點選從鬱悶到攻擊的路徑，
　　　　　以及由完美主義到攻擊的路徑，在 Parameters Tab 的
　　　　　Regression weight 的框內輸入「0」也行。

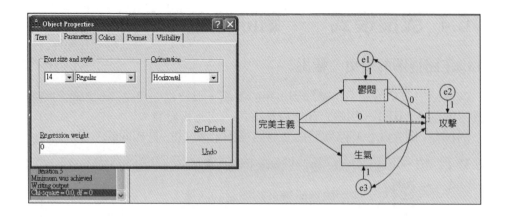

步驟 3 此處,請看刪除前者的路徑後所分析的結果。
顯示標準化估計值時,即為如下。

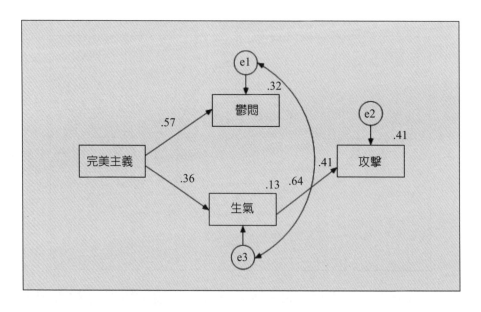

16.4.2 觀察正文輸出

試著觀察正文輸出(Text Output)。

步驟 1 顯示出 Parameter summary,並與刪除路徑前比較看看。

＜刪除前＞

Parameter summary (Group number 1)

	Weights	Covariances	Variances	Means	Intercepts	Total
Fixed	3	0	0	0	0	3
Labeled	0	0	0	0	0	0
Unlabeled	5	1	4	0	0	10
Total	8	1	4	0	0	13

＜刪除後＞

Parameter summary (Group number 1)

	Weights	Covariances	Variances	Means	Intercepts	Total
Fixed	3	0	0	0	0	3
Labeled	0	0	0	0	0	0
Unlabeled	3	1	4	0	0	8
Total	6	1	4	0	0	11

步驟 2　也比較 Notes for Model 的輸出看看。
　　　　　＜刪除前＞

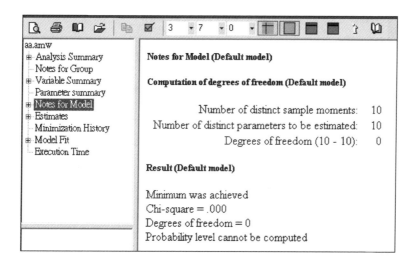

<刪除後>

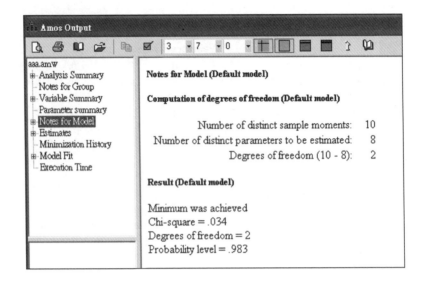

自由度之值從 0 變成 2，知可以計算出卡方之值（Chi-square）。

步驟 3 在 Estimates 方面，被刪除的路徑，其結果當然就未被輸出。

Maximum Likelihood Estimates

Regression Weights: (Group number 1 - Default model)

			Estimate	S.E.	C.R.	P	Label
生氣	<---	完美主義	.378	.127	2.970	.003	
鬱悶	<---	完美主義	.590	.112	5.265	***	
攻擊	<---	生氣	.593	.092	6.457	***	

Standardized Regression Weights: (Group number 1 - Default model)

			Estimate
生氣	<---	完美主義	.361
鬱悶	<---	完美主義	.565
攻擊	<---	生氣	.643

解說：路徑分析中的自由度

刪除路徑之前與之後的自由度是有不同的，刪除 2 條路徑後，自由度增加 2，似乎可以看出與路徑的個數有關係。

路徑分析中的自由度（df: degree of freedom），並非數據個數，而是對路徑圖加以計算的。

其中，「p」是觀測變數的個數。此處是使用 4 個觀測變數，因之，

$$p(p + 1)/2 = 4(4 + 1)/ 2 = 10$$

另外，「q」是要估計的自由母數的個數，亦即是「獨立變數的變異數」、「共變異數」、「路徑係數」、「誤差變異數」的合計值。

因此，刪除路徑之前，即為

1（獨立變數的變異數）＋ 1（共變異數）＋ 16（路徑係數）
＋ 3（誤差變異數）＝ 10

因此，

刪除路徑之前的自由度是 10 − 10 = 0，
刪除路徑之後的自由度是 10 − 8 = 2。

Text 輸出的自由度的計算，是記載此內容。

HINT：要記住自由度成為負的模式是無法分析的。
譬如，如下的路徑圖的自由度是「−1」，無法分析。

出現「模式無法識別，需要再限制 1 個」的警告（The model is probably unidentified. In order to achieve identifiability, it will probably be necessary to impose 1 additional constraint.）。

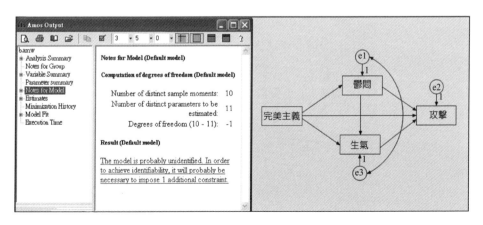

　　自由度 ≧ 0 是模式可被識別的「必要條件（最低限的條件）」，但「並非充分條件」，換言之，即使滿足自由度 ≧ 0，模式也未必能識別。下圖的 (A) 是未能被識別，下圖的 (B) 是可以被識別。亦即，圖 (A) 的參數有 b_1, b_2, b_3, b_4, $v_1 v_2 v_3$, v_4, c 等 9 個，樣本共變異數的個數有 $4 \times (4 + 1)/2 = 10$，滿足自由度（$10 - 9 = 1$）≧ 0，但此模式卻未能被識別，此外參數個數即使相同，依路徑的連結方式之不同，可被識別的模式也有，未能被識別的模式也有。

　　很遺憾地，自己建立的模式僅管滿足必要條件，但是，模式是否能識別，顯然並無容易判別的方法。Amos 在執行計算的過程中可察知並能告知，依賴它或許是一條捷徑吧。

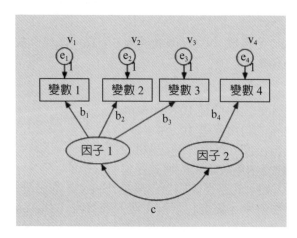

(A) 未能識別

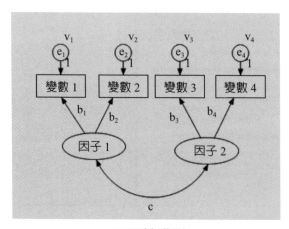

(B) 可被識別

解說：獨立模式與飽和模式

請看 Text 輸出的「Model fit」的部分。此處所顯示的適合度指標容後說明。

在此處所顯示的表中，除 Default Model（此次所分析的路徑圖模式）之外，也顯示有飽和模式（Saturated）和獨立模式（Independence）。

CMIN

Model	NPAR	CMIN	DF	P	CMIN/DF
Default model	8	.034	2	.983	.017
Saturated model	10	.000	0		
Independence model	4	73.257	6	.000	12.209

所謂**飽和模式**是自由度成為 0 且 χ^2 值（上表的 CMIN 之值）成為 0 的模式。另外，原本是不存在自由度 0 的 χ^2 值，但方便上 Amos 則表記成 0。

所謂**獨立模式**是觀測變數之間假定全無關聯的模式。自由度是從最大的 $p(p+1)/2 = 10$ 減去 4 個觀測變數的變異數而成為「6」。

本節所探討的最初模式是自由度 0 的飽和模式。那麼，其他的飽和模式是否不存在呢？也不盡然。

 Tea Break

在研究上，實質的模式是介於飽和模式與獨立模式之間。

譬如，以下的路徑圖利用相同的數據也成爲飽和模式。

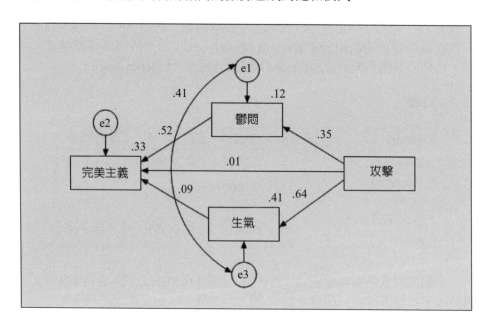

並且，以下的路徑圖也是飽和模式。

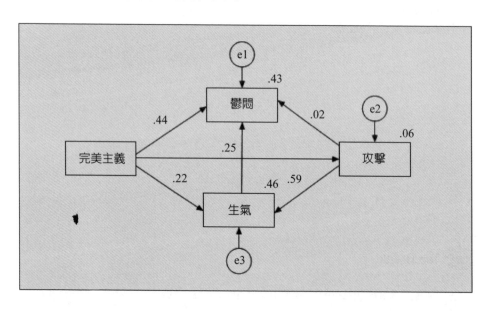

本章最初的路徑圖與這些的路徑圖的箭線方向是完全不同的，路徑係數也

有不同，但均爲飽和模式。

　　另一方面，以下的模式是獨立模式（未標準化估計值）。

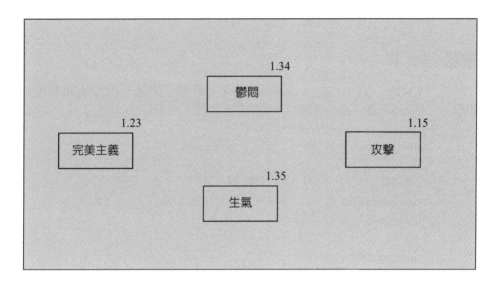

　　像這樣，即時使用相同的數據，減少自由度直到成爲飽和模式爲止，也可以由獨立模式慢慢增加路徑。

　　可是，在飽和模式之間，哪一個模式較優，無法基於適合度指標來判斷。

　　在研究上，實質的模式是介於飽和模式與獨立模式之間。

Tea Break

模式的好壞仍需由適合度指標來判斷。

解說：各種適合度指標

在 Amos 的 Text Output 中按一下 Model Fit 時，可以見到許多的適合度指標。一面參考這些適合度指標一面去改良模式。

解說 1：χ^2 值

χ^2 值（CMIN）愈小愈好。顯著機率（P）最好不顯著，但即使顯著也無問題。「CMIN/DF」是 χ^2 值除以自由度後之值，可視爲愈小愈好。

CMIN

Model	NPAR	CMIN	DF	P	CMIN/DF
Default model	8	.034	2	.983	.017
Saturated model	10	.000	0		
Independence model	4	73.257	6	.000	12.209

解說 2：GFI (Goodness of Fit Index), AGFI (Adjust GFI)

GFI 與 AGFI 的值是愈大愈好。在飽和模式中 GFI 成爲 1.00，GFI 與 AGFI 被視爲愈接近 1.00 愈好，AGFI 是修正 AGI 之後的值，比 GFI 之值小。一般比 0.90 大時，被視爲模式的適配佳。

RMR, GFI

Model	RMR	GFI	AGFI	PGFI
Default model	.008	1.000	.999	.200
Saturated model	.000	1.000		
Independence model	.462	.604	.339	.362

解說 3：NFI (Normed Fit Index) 與 CFI (Comparative Fit Index)

NFI 與 CFI 是表示所分析的模式是位於獨立模式與飽和模式之間的哪一個位置。愈接近 1 愈好，比 0.90 大可視爲是好的模式。

Baseline Comparisons

Model	NFI Delta1	RFI rho1	IFI Delta2	TLI rho2	CFI
Default model	1.000	.999	1.028	1.088	1.000
Saturated model	1.000		1.000		1.000
Independence model	.000	.000	.000	.000	.000

解說 4：RMSEA (Root Mean Square Error of Approximation)

RMSEA 愈小愈好。一般最好是在 0.016 以下，如在 0.1 以上時，被視為不佳。

RMSEA

Model	RMSEA	LO 90	HI 90	PCLOSE
Default model	.000	.000	.000	.985
Independence model	.436	.350	.528	.000

解說 5：AIC（Akaike's Information Criterion：赤池資訊量基準）

AIC 或 CAIC 並非絕對的基準。比較數個模式時，值愈小的模式被判斷是愈好的一種指標。

AIC

Model	AIC	BCC	BIC	CAIC
Default model	16.034	17.516	32.789	40.789
Saturated model	20.000	21.852	40.943	50.943
Independence model	81.257	81.998	89.634	93.634

　　模式中檢定不顯著的參數，表示此參數在模式中不具重要性，為達模式簡約之目的，這些不顯著的參數最好刪除，參數顯著與否與樣本觀測值的大小也有關係。在基本適配度方面的評鑑項目上是否沒有負的誤差變異量、因素負荷量是否介於 0.16 至 0.916 之間、是否沒有很大的標準誤。

模式內在品質檢定摘要表

評鑑項目	模式適配判斷
所估計的參數均達到顯著水準	t 絕對值 >1.96（p<0.016.）符號與期望相符
個別項目的信度（標準化係數的平方）	>0.16.0
潛在變數的平均抽取量 * 參第9章	>0.16.0
潛在變數的組合信度 * 參第9章	>0.60
標準化殘差的絕對值	<2.16.7
修正指標	<3.84 或 <4

整體適配度摘要表

統計檢定量	適配的標準或臨界值
絕對適配度指數	
χ^2 值（CMIN）	此值愈小，或 p>0.016.，表示整體模式與實際資料愈適配（接受虛無假設，表示模式與樣本資料間可以契合）
RMR 值	<0.016
RMSEA 值	<0.08（若 <0.016 優良；<0.08 良好）
GFI 值	>0.90 以上
AGFI 值	>0.90 以上
增值適配度指數	
NFI 值	>0.90 以上
RFI 值	>0.90 以上
IFI 值	>0.90 以上
TLI 值（NNFI 值）	>0.90 以上
CFI 值	>0.90 以上

統計檢定量	適配的標準或臨界值
簡約適配度指數	
PGFI 值	>0.16 以上
PNFI 值	>0.16 以上
PCFI 值	>0.16 以上
CN 值	>200
χ^2 自由度比（$\chi^2 \div df$，也稱為規範卡方，NC：Normed Chi-square）	<2
AIC 值	理論模式值小於獨立模式值，且小於飽和模式值
ECVI 值	理論模式值小於獨立模式值，且小於飽和模式值

16.5 以 SPSS 分析看看 ── 分析數個因果關係鏈

16.5.1 計算相關係數

首先計算完美主義、鬱悶、生氣、攻擊的相關係數。

步驟 1 啟動 SPSS，選擇檔案 (F) → 開啟舊檔 (O) → 資料 (D)。
在開啟檔案視窗中，讀取與先前相同的數據。

步驟 2 選擇分析 (A) → 相關 (C) → 雙變數 (B)。

步驟 3 在變數 (U)：的框內指定完美主義、鬱悶、生氣、攻擊，按確定。

◆ 結果得出如下。4 個得分相互之間有正的相關關係。但是，完美主義與攻擊的相關係數略低。

Correlations

		完美主義	鬱悶	生氣	攻擊
完美主義	Pearson Correlation	1	.565**	.361**	.245
	Sig. (2-tailed)		.000	.005	.059
	N	60	60	60	60
鬱悶	Pearson Correlation	.565**	1	.518**	.348**
	Sig. (2-tailed)	.000		.000	.006
	N	60	60	60	60
生氣	Pearson Correlation	.361**	.518**	1	.643**
	Sig. (2-tailed)	.005	.000		.000
	N	60	60	60	60
攻擊	Pearson Correlation	.245	.348**	.643**	1
	Sig. (2-tailed)	.059	.006	.000	
	N	60	60	60	60

**. Correlation is significant at the 0.01 level (2-tailed).

16.5.2 進行複迴歸分析

進行由完美主義到鬱悶的迴歸分析。

步驟 1 選擇分析 (A)→迴歸方法 (R)→線性。

步驟 2 依變數 (D)：指定鬱悶，自變數 (I)：指定完美主義，按 確定 。

◆ 標準值迴歸係數（β）是 0.565（顯著性（p）< 0.001），R^2 是 0.320（P < 0.001）。

模式摘要

模式	R	R 平方	調過後的 R 平方	估計的標準誤
1	.565ᵃ	.320	.308	.970

a. 預測變數:(常數),完美主義

Anovaᵇ

模式		平方和	df	平均平方和	F	顯著性
1	迴歸	25.633	1	25.633	27.255	.000ᵃ
	殘差	54.550	58	.941		
	總數	80.183	59			

a. 預測變數:(常數),完美主義

b. 依變數: 鬱悶

係數ᵃ

模式		未標準化係數 B 之估計值	標準誤差	標準化係數 Beta 分配	t	顯著性
1	(常數)	1.220	.325		3.759	.000
	完美主義	.590	.113	.565	5.221	.000

a. 依變數: 鬱悶

其次，進行由完美主義到生氣的迴歸分析。

步驟 3 再次選擇分析 (A)→迴歸方法 (R)→線性 (L)。

步驟 4 依變數 (D)：指定生氣，自變數 (I)：指定完美主義，按 確定 。

◆ 標準值迴歸係數（β）是 0.361（$p < 0.001$），R^2 是 0.130（$p < 0.001$）。

模式摘要

模式	R	R 平方	調過後的 R 平方	估計的標準誤
1	.361[a]	.130	.115	1.102

a. 預測變數:(常數), 完美主義

Anova[b]

模式		平方和	df	平均平方和	F	顯著性
1	迴歸	10.531	1	10.531	8.670	.005[a]
	殘差	70.452	58	1.215		
	總數	80.983	59			

a. 預測變數:(常數), 完美主義

b. 依變數: 生氣

係數[a]

模式		未標準化係數		標準化係數		
		B 之估計值	標準誤差	Beta 分配	t	顯著性
1	(常數)	1.515	.369		4.106	.000
	完美主義	.378	.128	.361	2.944	.005

a. 依變數: 生氣

　　其次，以完美主義‧鬱悶‧生氣為獨立變數，攻擊為依變數，進行複迴歸分析（參 16..3.1 的圖形）。

步驟 5 選擇分析 (A)→迴歸方法 (R)→線性 (L)。

步驟 6 依變數 (D)：指定攻擊，自變數 (I)：指定完美主義、鬱悶、生氣，按 確定 。

　　◆由完美主義到攻擊：$\beta = 0.008$, n.s.

由鬱悶到攻擊：$\beta = 0.016$, n.s.

由生氣到攻擊：$\beta = 0.632$, n.s.

攻擊的 $R^2 = 0.414$, $p < 0.01$。

模式摘要

模式	R	R 平方	調過後的 R 平方	估計的標準誤
1	.644[a]	.414	.383	.848

a. 預測變數:(常數), 生氣, 完美主義, 鬱悶

Anova[b]

模式		平方和	df	平均平方和	F	顯著性
1	迴歸	28.533	3	9.511	13.211	.000[a]
	殘差	40.317	56	.720		
	總數	68.850	59			

a. 預測變數:(常數), 生氣, 完美主義, 鬱悶

b. 依變數: 攻擊

係數[a]

模式		未標準化係數		標準化係數	t	顯著性
		B 之估計值	標準誤差	Beta 分配		
1	(常數)	.921	.334		2.760	.008
	完美主義	.008	.120	.008	.064	.949
	鬱悶	.015	.126	.016	.118	.906
	生氣	.583	.111	.632	5.266	.000

a. 依變數: 攻擊

16.5.3 計算偏相關係數

計算鬱悶與生氣的誤差之間的相關，換而言之，「控制完美主義對鬱悶與生氣的偏相關係數」。

步驟 1 選擇分析 (A) → 相關 (C) → 偏相關 (R)。

步驟 2 於變數 (V)：中指定鬱悶與生氣。
控制的變數 (C)：指定完美主義。

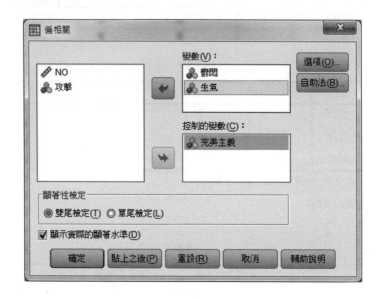

按 確定 。

◆ 偏相關係數是 0.408（$p < 0.001$）。

相關

控制變數			鬱悶	生氣
完美主義	鬱悶	相關	1.000	.408
		顯著性 (雙尾)	.	.001
		df	0	57
	生氣	相關	.408	1.000
		顯著性 (雙尾)	.001	.
		df	57	0

16.5.4 將結果置入路徑途中

將目前以 SPSS 分析的結果表示在路徑圖中時,即為如下。
與 16.4 節的結果,可以說幾乎是相同之值。

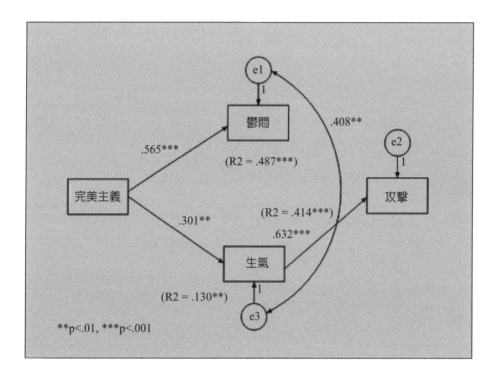

Tea Break

路徑分析是一種用來分析變項間因果關係(causal relation)的統計方法。其中,能夠引發其他變項發生改變的變項稱作是「因」(causes),被其他變項影響而產生改變的變項稱作是「果」(effects),因此,「因」與「果」之間便會產生許多「直接」影響(direct effects)和「間接」影響(indirect effects)的效果;路徑分析即是於研究者事前對於文獻的考量所提出的一種因果模式,用多元迴歸分析中的標準化迴歸方程式的估計方法,找出並驗證夠符合模式假設的路徑係數(path coefficient),以求出「因」對「果」之影響力的直接效果和間接效果,並以量化的數據來解釋這些因果關係的假設,以達到驗證研究者所提之因果模式的存在與否。

Note

第 17 章
結構方程模式分析

本章內容

前言

結構方程模式（Structural equation modeling, SEM）1980 年代前稱爲路徑分析（Path analysis）──目的在於建構 1 組「多變項的因果模型」，也就是包括：應變項、自變項、中介變項或調節變項、具備「因果關係」──不僅是「相關關係」的理論。

【範例】

爲了實際使用結構方程模式進行分析，以下使用醫院的意見調查進行分析，探討因果關係，以體驗此結構方程模式的有趣性。

針對 3 家綜合醫院的使用者，進行如下的意見調查：

表 17.1.1　意見調查表

項目 1　您對此綜合醫院的照明覺得如何？　　　　　　　〔照明（bright）〕

　　　　　1　　2　　3　　4　　5
壞　　　 ┕━┷━┷━┷━┙ 好

項目 2　您對此綜合醫院的色彩覺得如何？　　　　　　　〔色彩（color）〕

　　　　　1　　2　　3　　4　　5
穩重　　 ┕━┷━┷━┷━┙ 花俏

項目 3　您對此綜合醫院的休息空間的地點覺得如何？　〔空間認知（space）〕

　　　　　　1　　2　　3　　4　　5
不易使用 ┕━┷━┷━┷━┙ 容易使用

項目 4　您對此綜合醫院的路線形式覺得如何？　　　　〔動線（moving）〕

　　　　　　1　　2　　3　　4　　5
容易了解 ┕━┷━┷━┷━┙ 不易了解

項目 5　您經常利用此綜合醫院嗎？　　　　　　　　　〔使用次數（frequency）〕

　　　　　　1　　2　　3　　4　　5
不利用　 ┕━┷━┷━┷━┙ 利用

項目 6　您對此綜合醫院的掛號收費覺得如何？　　　　〔掛號費用（fee）〕

　　　　　1　　2　　3　　4　　5
便宜　　 ┕━┷━┷━┷━┙ 貴

以下的數據是有關 3 家綜合醫院 A、B、C 的使用者滿意度的調查結果。

表 17.1.2　綜合醫院類型 A

NO.	bright	color	space	moving	frequency	fee
1	3	3	3	4	2	4
2	3	3	2	5	2	3
3	2	4	2	2	3	3
4	4	2	3	4	1	3
5	3	3	2	3	4	1
6	4	2	2	5	5	3
7	3	3	2	5	5	3
8	2	4	3	2	1	3
9	4	2	3	4	4	1
10	2	4	3	2	5	3
11	2	2	3	3	4	4
12	2	3	2	5	4	1
13	3	4	2	5	1	4
14	4	3	2	4	1	3
15	3	3	1	5	1	4
16	3	4	3	3	2	3
17	4	3	3	4	2	4
18	2	4	2	5	2	4
19	4	2	2	4	1	4
20	4	2	2	4	3	4
21	3	3	1	4	3	2
22	3	3	3	5	1	3
23	4	3	2	5	2	3
24	2	4	3	5	2	2
25	2	4	4	2	4	4
26	5	3	3	1	2	3
27	5	4	4	5	2	3
28	5	5	4	4	4	3
29	5	5	4	5	4	1
30	5	1	3	5	2	4

表 17.1.3　綜合醫院類型 B

NO.	bright	color	space	moving	frequency	fee
31	3	4	3	2	2	2
32	2	3	3	5	5	4
33	3	3	3	1	3	3
34	3	4	3	4	4	2
35	2	3	2	3	1	3
36	3	3	2	4	3	3
37	3	3	4	4	4	1
38	1	5	2	4	4	1
39	4	2	2	4	3	2
40	4	2	1	3	1	4
41	4	2	3	5	1	2
42	3	3	2	5	1	3
43	2	4	2	5	3	2
44	3	3	3	4	5	2
45	4	4	3	4	3	2
46	4	3	3	3	5	3
47	4	4	3	4	5	2
48	2	2	4	2	3	2
49	4	4	2	3	3	2
50	2	2	3	4	3	2
51	4	4	2	5	4	3
52	3	3	2	4	4	4
53	4	4	2	4	3	4
54	3	3	5	3	4	2
55	4	4	4	1	4	2
56	2	4	2	5	1	4
57	3	4	4	5	2	4
58	3	4	4	3	1	3
59	4	4	3	4	4	2
60	3	3	2	4	2	4

表 17.1.4　綜合醫院類型 C

NO.	bright	color	space	moving	frequency	fee
61	4	2	2	2	5	3
62	2	4	3	2	4	1
63	5	4	4	1	4	4
64	3	3	3	2	3	1
65	5	1	2	3	2	3
66	3	3	3	2	3	2
67	4	4	4	2	3	4
68	3	3	3	1	5	1
69	3	3	3	2	5	3
70	4	4	3	1	5	1
71	3	3	5	2	5	2
72	3	3	3	3	4	2
73	3	4	2	3	2	2
74	4	4	2	3	3	3
75	2	5	3	3	4	3
76	3	3	2	2	2	3
77	4	3	3	4	3	3
78	3	3	2	5	2	3
79	3	3	4	2	4	4
80	4	4	2	5	1	4
81	3	3	3	2	2	3
82	3	3	3	2	2	5
83	3	3	4	3	4	3
84	3	3	4	4	2	2
85	3	4	5	1	3	1
86	4	4	4	2	2	2
87	4	4	2	4	2	3
88	3	3	2	2	2	4
89	5	2	3	3	1	2
90	4	3	4	3	1	5

17.1 想分析的事情是什麼

1.調查項目

在以下的路徑圖中，想按照 3 家綜合醫院調查室內照明、外觀色彩、空間認知、動線、使用次數、掛號費用之間的關聯性。

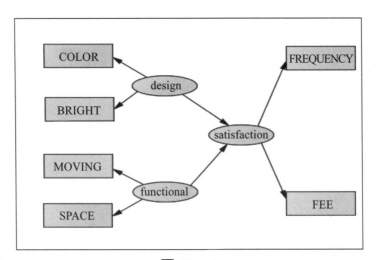

圖 17.1.1

此時想探討如下事項：

1. 從設計性來看，對使用者滿意度之影響來說，在綜合醫院 A、B、C之間有何不同？
2. 從機能性來看，對使用著滿意度之影響來說，在綜合醫院 A、B、C之間有何不同？
3. 設計性最高的綜合醫院是 A、B、C 之中的何者？
4. 機能性最高的綜合醫院是 A、B、C 之中的何者？
5. 使用者滿意度最高的是 A、B、C 之中的何者？

此時可以考慮如下的統計處理。

2.統計處理

使用結構方程模式分析所用軟體 Amos 製作如下的路徑圖：

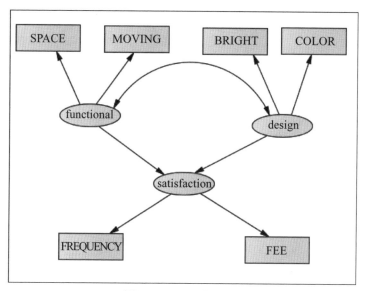

圖 17.1.2　路徑圖

利用多母體的同時分析分別估計 3 個類型中的如下路徑係數：

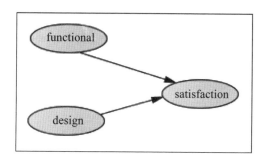

利用平均構造模式，針對

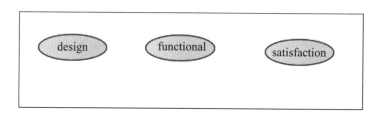

比較 3 個類型的平均之差異。

17.2 撰文時（1）

1.結構方程模式分析之情形

撰寫論文時要注意以下幾點。

因此，進行多母體的同時分析之後，從設計性到使用者滿意度的路徑係數，得出如下。

表 17.1.5

類型＼係數	未標準化係數	標準化係數
綜合醫院 A	−0.383	−0.234
綜合醫院 B	−2.380	−0.666
綜合醫院 C	−0.681	−0.427

因此，設計性與使用者的滿意度不一定有關聯。
從機能性到使用者滿意度的路徑係數，得出如下。

表 17.1.6

類型＼係數	未標準化係數	標準化係數
綜合醫院 A	0.144	0.046
綜合醫院 B	1.811	0.089
綜合醫院 C	1.728	0.651

因此，機能性與使用者的滿意度有關聯，但綜合醫院 A 比綜合醫院 B,C 來說，其關聯略低。

17.3　撰文時（2）

設計性與機能性的平均值，得出如下。

表 17.1.7

平均值 類型	設計性	機能性
綜合醫院 A	0	0
綜合醫院 B	−0.248	0.097
綜合醫院 C	0.045	0.490

因此，以綜合醫院 A 為基準時，在設計性上，綜合醫院 B 較差。
在機能性上，綜合醫院 C 較優勢。
設計性與機能性在平均值的周邊的使用者滿意度，得出如下。

表 17.1.8

類型	滿意度
綜合醫院 A	0
綜合醫院 B	0.473907
綜合醫院 C	0.391775

因此，知綜合醫院 B 的滿意度最高。
在此分析中，模式適合度指標的 RMSEA 是 0.000。
由以上事項可以判讀出什麼呢？

由以上事項可以判讀出什麼呢？
繼續看下去吧！

17.4 數據輸入類型

表 17.1.2～表 17.1.4 的資料，如下輸入。數據參 data_14-1.sav。

	類型	照明	色彩	空間認知	動線	使用次數	費用	Var
1	1	3	3	3	4	2	4	
2	1	3	3	2	5	2	3	
3	1	2	4	2	2	3	3	
4	1	4	2	3	4	1	3	
5	1	3	3	2	3	4	1	
6	1	4	2	2	5	5	3	
7	1	3	3	2	5	5	3	
8	1	2	4	3	2	1	3	
9	1	4	2	3	4	4	1	
10	1	2	4	3	2	5	3	
11	1	2	2	3	3	4	4	
12	1	2	3	2	5	4	1	
13	1	3	4	2	5	1	4	
14	1	4	3	2	4	1	3	
15	1	3	3	1	5	1	4	
16	1	3	4	3	3	2	3	
17	1	4	3	3	4	2	4	
18	1	2	4	2	5	2	4	
19	1	4	2	2	4	1	4	
20	1	4	2	2	4	3	4	
21	1	3	3	1	4	3	2	
22	1	3	3	3	5	1	3	
23	1	4	3	2	5	2	3	
24	1	2	4	3	5	2	2	
25	1	2	4	4	2	4	4	
26	1	5	3	3	1	2	3	
27	1	5	4	4	5	2	3	
28	1	5	5	4	4	4	3	

	類型	照明	色彩	空間認知	動線	使用次數	費用	Var
64	3	3	3	3	2	3	1	
65	3	5	1	2	3	2	3	
66	3	3	3	3	2	3	2	
67	3	4	4	4	2	3	4	
68	3	3	3	3	1	5	1	
69	3	3	3	3	2	5	3	
70	3	4	4	3	1	5	1	
71	3	3	3	5	2	5	2	
72	3	3	3	3	3	4	2	
73	3	3	4	2	3	2	2	
74	3	4	4	2	3	3	3	
75	3	2	5	3	3	4	3	
76	3	3	3	2	2	2	3	
77	3	4	3	3	4	3	3	
78	3	3	3	2	5	2	3	
79	3	3	3	4	2	4	4	
80	3	4	4	2	5	1	4	
81	3	3	3	3	2	2	3	
82	3	3	3	3	2	2	5	
83	3	3	3	4	3	4	3	
84	3	3	3	4	4	2	2	
85	3	3	4	5	1	3	1	
86	3	4	4	4	2	2	2	
87	3	4	4	2	4	2	3	
88	3	3	3	2	2	2	4	
89	3	5	2	3	3	1	2	
90	3	4	3	4	3	1	5	
91								

17.5　指定資料的檔案

以下以步驟的方式進行 Amos 的操作說明。

步驟 1　點選開始→ IBM SPSS Amos → Amos Graphics。

步驟 2　變成以下畫面時，從<u>分析</u>的清單中，選擇<u>組管理</u>。

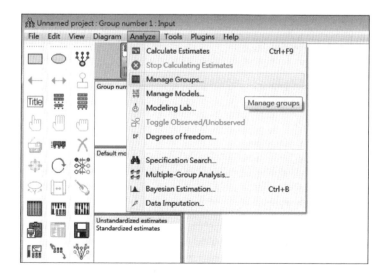

步驟 3 如下，組名成為 group number 1。

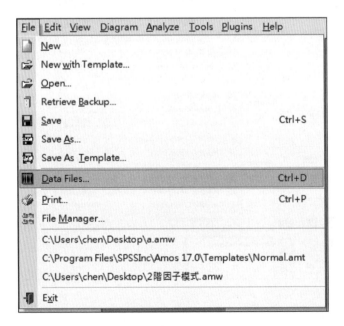

步驟 4 因之，如下輸入 typeA。
然後，按 Close。

步驟 5 接著，從檔案的清單中選擇資料檔。

步驟 6　變成資料檔的畫面時，按一下 檔名 。

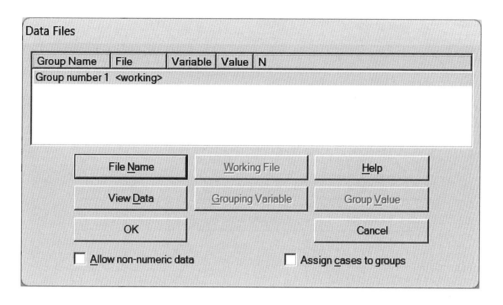

步驟 7　指定用於分析的 sav 檔名（17.1）按一下 開啟 (O) 。

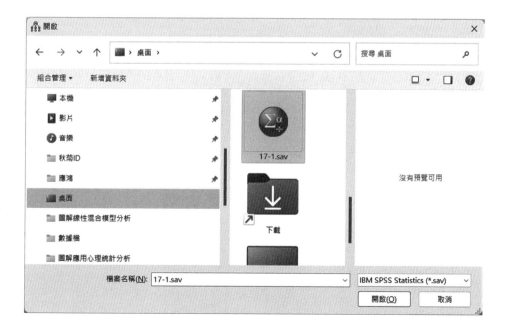

步驟 8 回到資料檔的畫面時,如下在檔案的地方,顯示用於分析的檔名。接著,資料因分成了 3 個類型,因之按一下 分組變數。

步驟 9 變成了選擇分組變數的畫面時,選擇類型(TYPE),按 確定。

步驟 10　於是，在變數的地方，列入分組數名稱「TYPE」。
　　　　　接著，按一下組值。

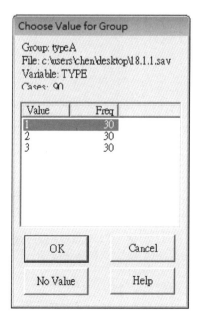

步驟 11　變成組識別值的選擇畫面時，選擇數值之中的 1，按 確定 。

步驟 12 於是，在資料檔的畫面中的數值處列入 1。
然後，按 確定 。

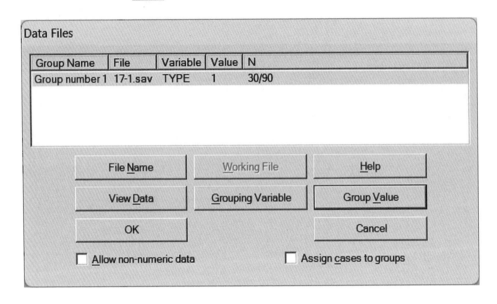

依據步驟以圖進圖出的方式即可
完成設定。

17.6 繪製共同的路徑圖

步驟 1 此分析由於想指定平均值與截距,所以從檢視的清單中選擇分析性質。

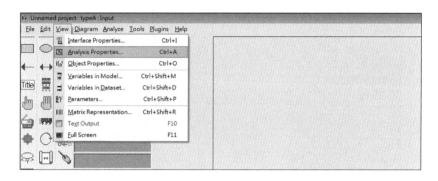

步驟 2 變成分析性質的畫面時,點一下估計勾選估計平均值與截距,也點一下輸出,勾選標準化估計值,然後關閉此分析性質之視窗。

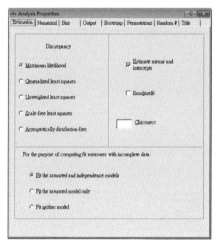
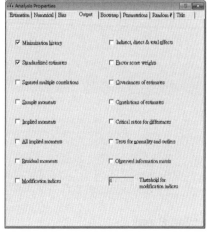

 Tea Break

此處的點選是針對潛在變數的設定。

步驟 3 回到 Graphics 的畫面時如下繪製路徑圖：

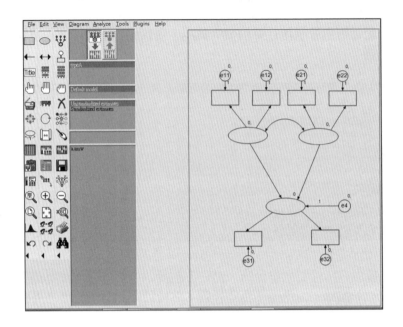

 Tea Break

因在步驟 2 中對估計平均值與截距已有勾選，所以在圓或橢圓的右肩上加上 0。
此意指以類型 A 為基準，因之類型 A 的平均 = 0。
e11 等的變數名，如在圓上連按兩下，會出現物件性質之畫面，然後輸入變數名
即可。

步驟 4 為了在□中輸入觀察到的變數名，從檢視的清單中選擇資料組中所含有的變數。

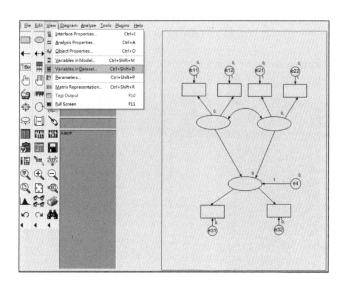

步驟 5 如下出現資料檔的變數名的畫面，因之按一下用於分析變數名，再拖曳到□之上。

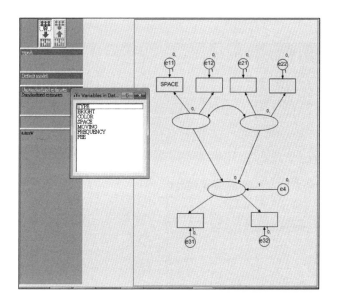

步驟 6 重複此動作,變數名的投入結束時,關閉資料組中所包含變數的畫面。

(註) 如投錯名稱時,在□上按兩下,在所出現的物件性質的畫面上即可刪除。

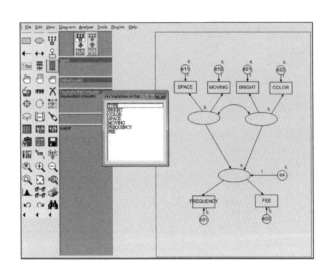

步驟 7 其次,為了在 ⬭ 之中放入潛在變數名,在 ⬭ 的上面按右鍵,然後選擇物件性質。

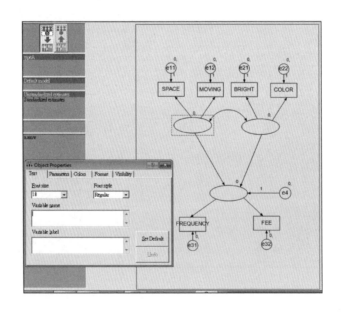

步驟 8　在物件性質的方框的變數名中輸入潛在變數名，再關閉畫面。

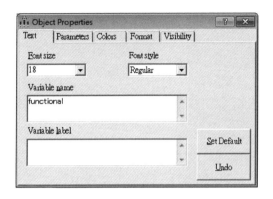

步驟 9　於是在 ⬭ 之中放進了潛在變數名稱 [functional]。

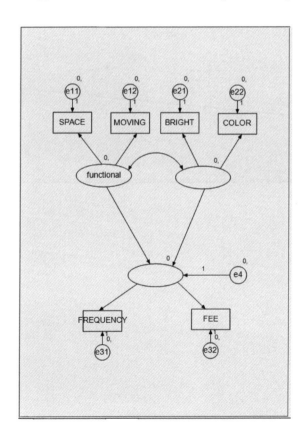

步驟 10 重複此動作，完成的圖形如下顯示：

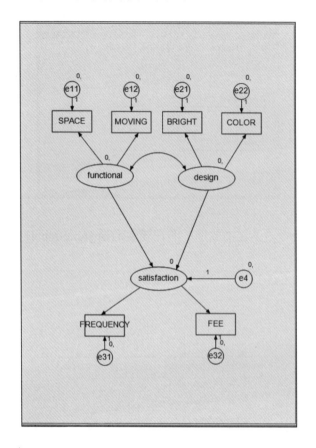

17.7　指定共同的參數

步驟 1　為了將　space ◄──── functional　的參數固定成 1，右鍵按一下箭頭

的上方，選擇物件性質。

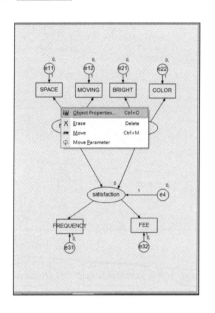

步驟 2　變成物件性質的畫面時，在參數（parameter）Tab 的係數中輸入
1，再關閉畫面。

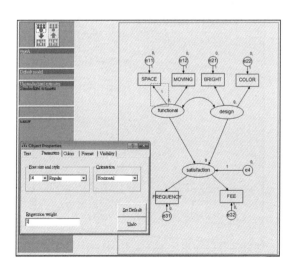

步驟 3 於是路徑圖的箭線上放入 1。

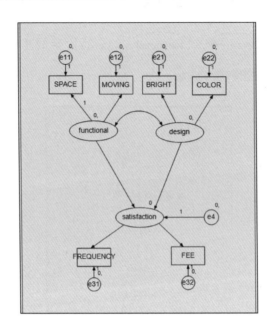

步驟 4 bright ◄── design 與 satisfaction ──► frequency 的箭線上也同樣放入 1。

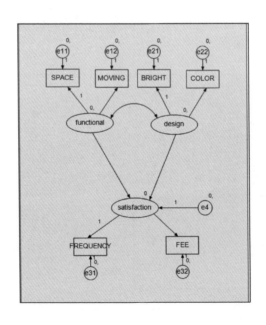

步驟 5　接著對剩下部分的參數加上名稱。
　　　　　因此，從 Plugins 的清單中選擇 [Name Parameters]。

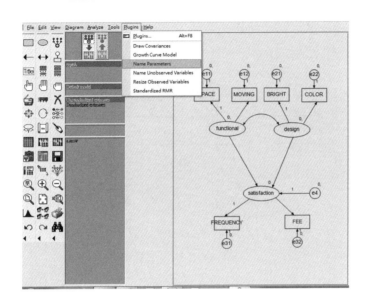

步驟 6　此處，如下勾選後按 確定 。

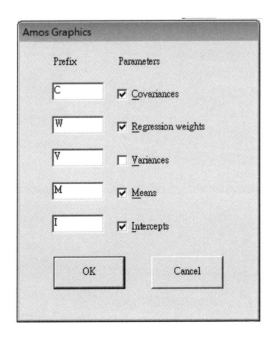

步驟 7　於是如下在路徑圖上加上參數名。

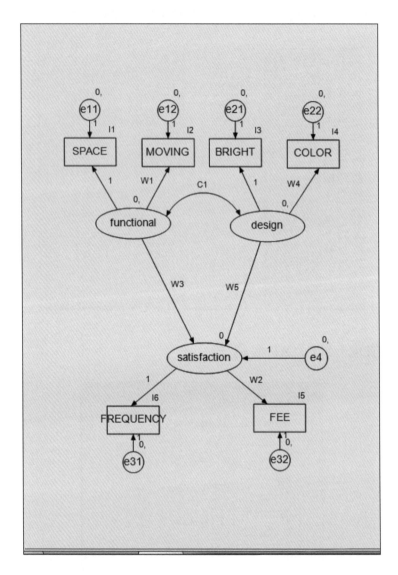

17.8　資料的組管理

步驟 1　3 個類型為了在相同的路徑圖上進行分析可進行資料的組管理。
從分析的清單中選擇組管理。

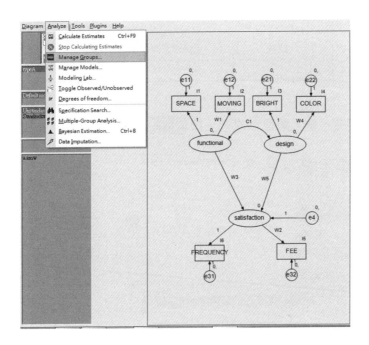

步驟 2　如下，組名的地方變成類型 A 因之按一下新增。

步驟 3　由於組名 (G) 變成 Number 2，乃輸入類型 B 再按新增 (N)。

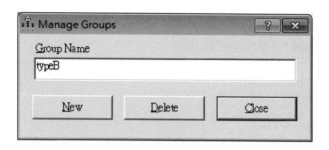

步驟 4　接著，輸入類型 C 之後，按 Close 。

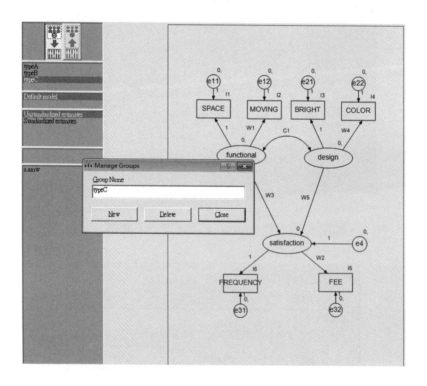

步驟 5　為了分別指定類型 B 與類型 C 的資料，從檔案的清單中選擇<u>資料</u><u>檔</u>。

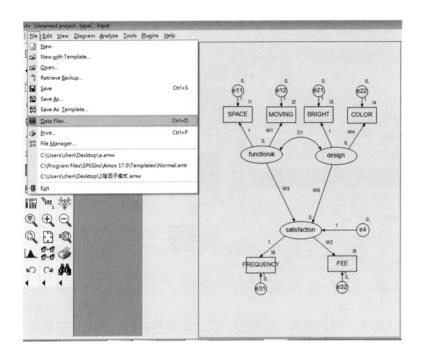

步驟 6　變成資料檔的畫面時，選擇類型 B，按一下<u>檔名</u>。

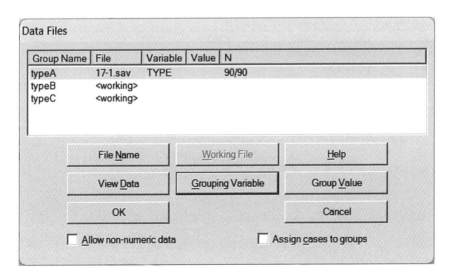

步驟 7　與類型 A 一樣指定 sav 檔名（17-1），按一下 開啟 (O)。

步驟 8　接著，與前面的步驟相同，設定分組變數名與組的識別值。
　　　　　於是，類型 B 的資料檔即如下加以設定。

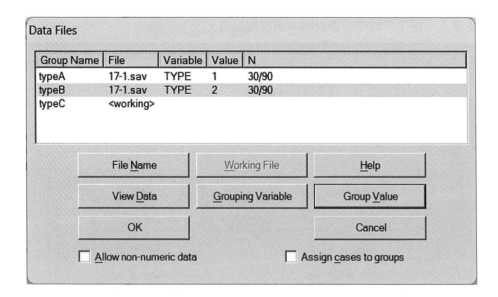

步驟 9　類型 C 也與步驟 6〜8 同樣設定。

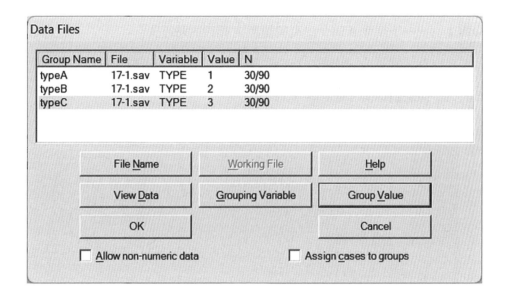

 Tea Break

為了對 3 個綜合醫院 A. B. C 的潛在變數貼上「相同名稱」
　　　設計性　機能性　滿意度，
有需要將「參數 W1, W2, W3 之值共同設定」。

17.9　於各類型中部分變更參數的指定

步驟 1　按一下類型 B 時，出現與類型 A 相同的路徑圖。

為了變更 （ 機能性 ）━━▶（ 滿意度 ） 的參數名稱在箭線上按兩下

將係數從 W3 變更為 W32。

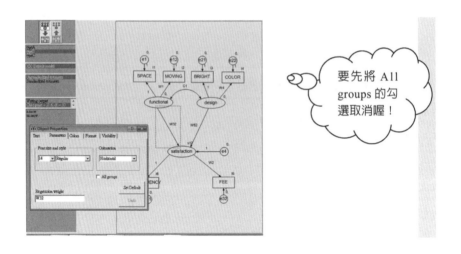

要先將 All groups 的勾選取消喔！

步驟 2　同樣，將 （ 設計性 ）━━▶（ 滿意度 ） 的參數按兩下，將係數從 W5 變更為 W52。

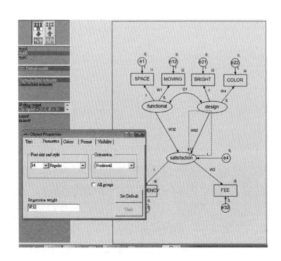

步驟 3 接著,將  機能性 設計性 的參數按兩下,將係數從 C1 變更爲 C12。

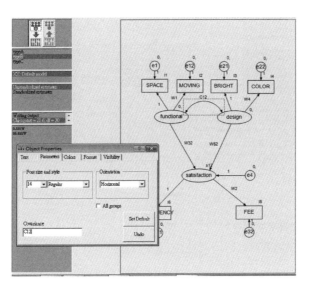

步驟 4 爲了變更 機能性 的平均的參數名,在 機能性 之上按兩下 將平均從 0 變更爲 h12。

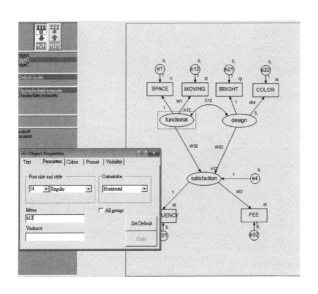

步驟 5　⟨設計性⟩的平均也一樣從 0 變更為 h22。

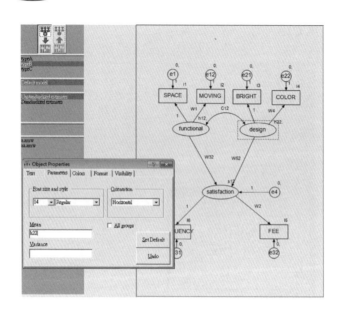

步驟 6　最後，為了變更 ⟨滿意度⟩ 的截距的參數名，在 ⟨滿意度⟩ 之上
按兩下，將截距從 0 變更為 s12。

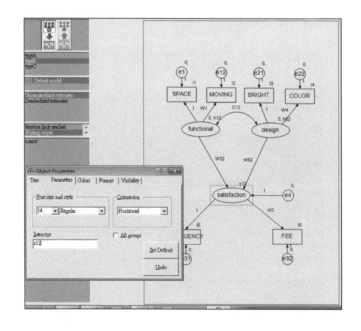

步驟 7　類型 B 的參數名變成如下。

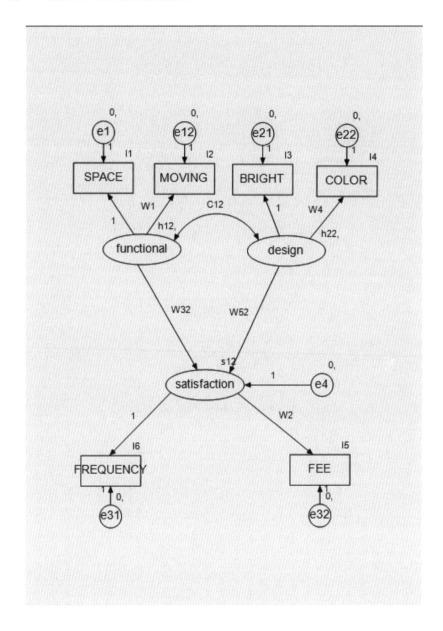

步驟 8　類型 C 的參數名變成如下。

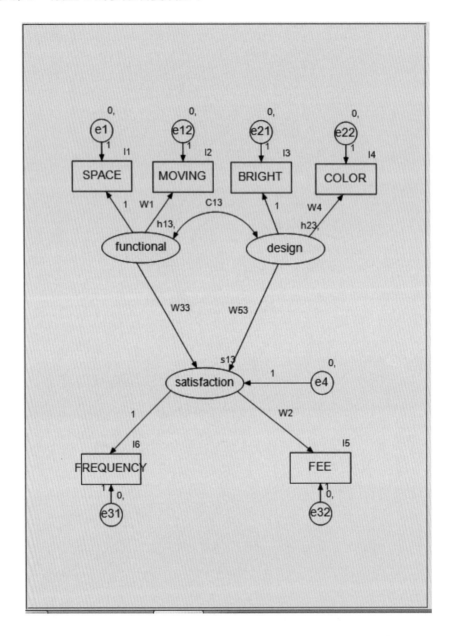

17.10　Amos 的執行

步驟 1　從分析的清單中，選擇計算估計值。

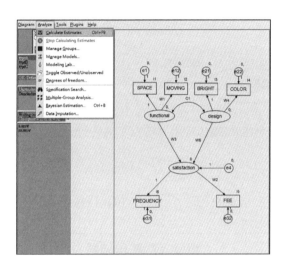

步驟 2　類型 A 的未標準化估計值，變成如下的畫面。

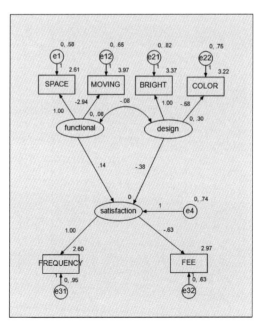

ｘｘ 模 式 1 變成
OK 模式 1 時，
計算即已完成。

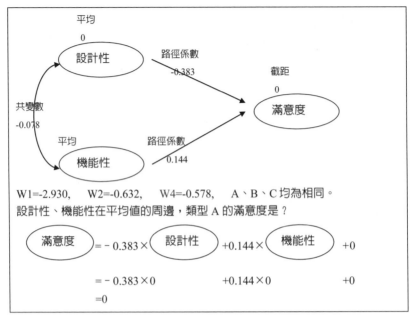

W1=-2.930,　　W2=-0.632,　　W4=-0.578,　　A、B、C均為相同。

設計性、機能性在平均值的周邊，類型 A 的滿意度是？

滿意度 = − 0.383 × 設計性 +0.144 × 機能性 +0

=− 0.383×0 　　　　　+0.144×0 　　　　　+0

=0

類型 A 的輸出結果

步驟 3　類型 B 的未標準化估計值變成如下：

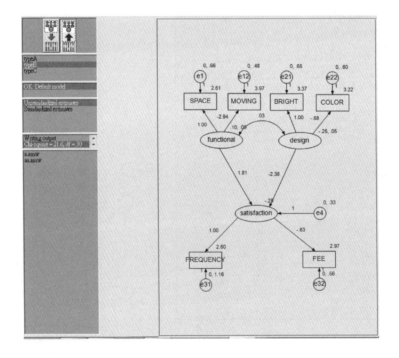

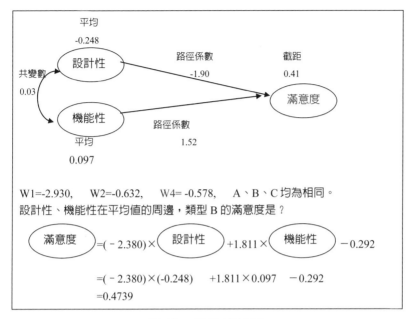

類型 B 的輸出結果

步驟 4　類型 C 未標準化估計值成為如下：

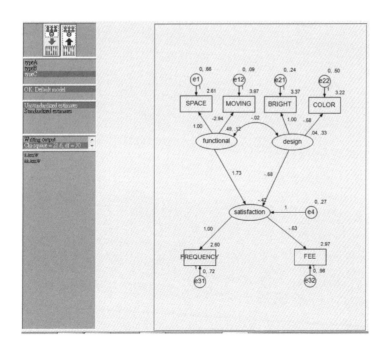

步驟 5　類型 C 的未標準化估計值變成如下：

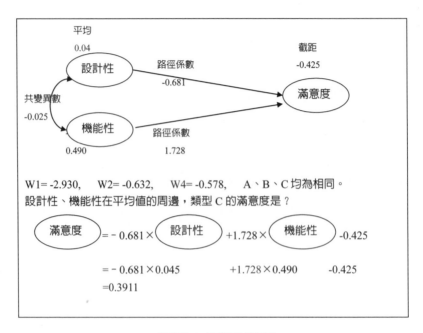

W1= -2.930,　　W2= -0.632,　　W4= -0.578,　　A、B、C 均為相同。
設計性、機能性在平均值的周邊，類型 C 的滿意度是？

滿意度 = − 0.681 × 設計性 +1.728 × 機能性 -0.425

　　　　= − 0.681 × 0.045　　　　+1.728 × 0.490　　　　-0.425
　　　　=0.3911

類型 C 的輸出結果

17.11　輸出結果的顯示

步驟 1　從檢視的清單中，選擇 Text 輸出。

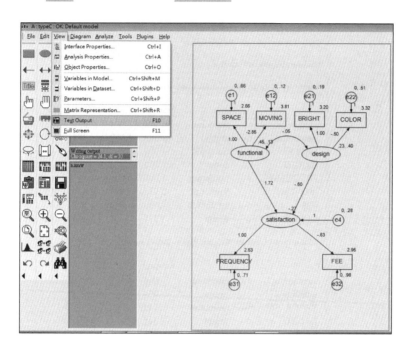

步驟 2　變成了如下的 Text 輸出畫面。
　　　　首先，按一下參數估計值，觀察輸出結果看看。

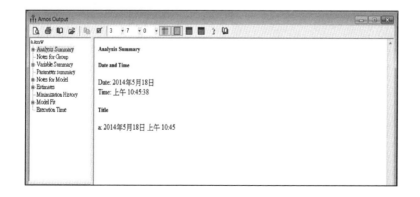

步驟 3　點一下 typeA，針對參數估計值如下顯示路徑係數。

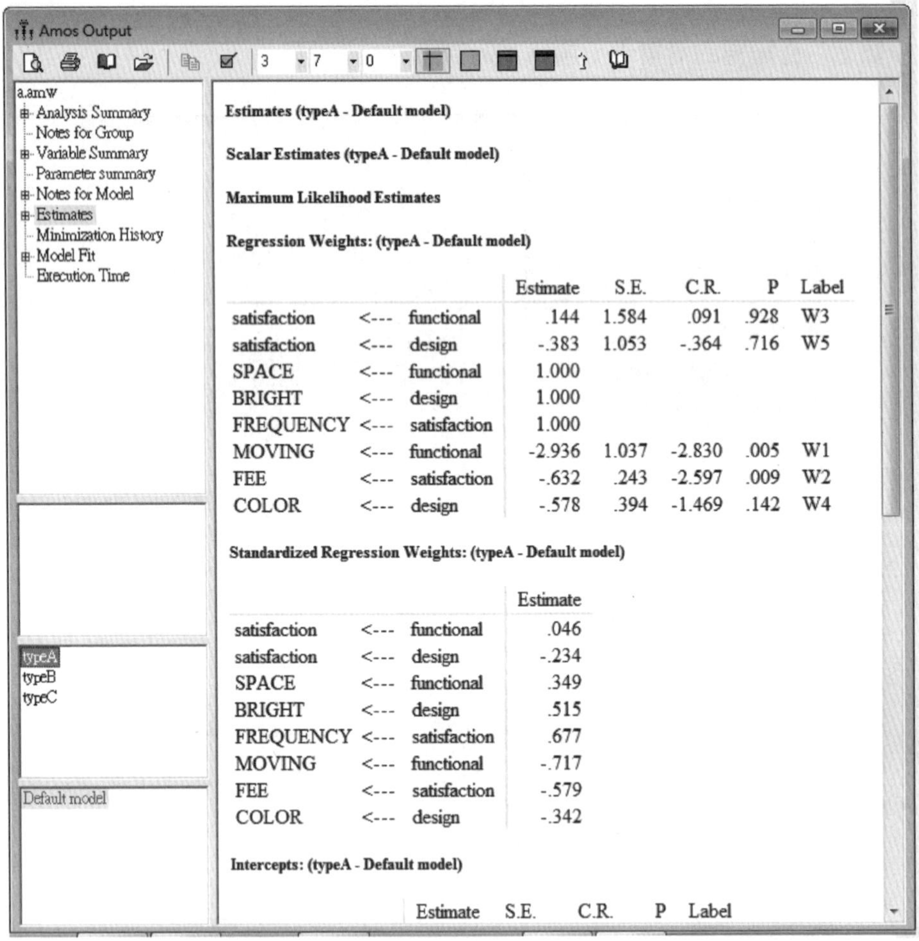

Estimates (typeA - Default model)

Scalar Estimates (typeA - Default model)

Maximum Likelihood Estimates

Regression Weights: (typeA - Default model)

			Estimate	S.E.	C.R.	P	Label
satisfaction	<---	functional	.144	1.584	.091	.928	W3
satisfaction	<---	design	-.383	1.053	-.364	.716	W5
SPACE	<---	functional	1.000				
BRIGHT	<---	design	1.000				
FREQUENCY	<---	satisfaction	1.000				
MOVING	<---	functional	-2.936	1.037	-2.830	.005	W1
FEE	<---	satisfaction	-.632	.243	-2.597	.009	W2
COLOR	<---	design	-.578	.394	-1.469	.142	W4

Standardized Regression Weights: (typeA - Default model)

			Estimate
satisfaction	<---	functional	.046
satisfaction	<---	design	-.234
SPACE	<---	functional	.349
BRIGHT	<---	design	.515
FREQUENCY	<---	satisfaction	.677
MOVING	<---	functional	-.717
FEE	<---	satisfaction	-.579
COLOR	<---	design	-.342

Intercepts: (typeA - Default model)

	Estimate	S.E.	C.R.	P	Label

步驟 4　點一下 typeB，針對參數估計值如下顯示路徑係數。

```
┌─────────────────────────────────────────────────────────────────────────┐
│ ⊞ Amos Output                                          □ □ ✕             │
├─────────────────────────────────────────────────────────────────────────┤
│ [⊡][🖨][📖][📂]  [▣][✓][3 ▾][7 ▾][0 ▾] [┼][□][▤][▥][↑][📖]                │
├──────────────────┬────────────────────────────────────────────────────────┤
│ a.amw            │ Regression Weights: (typeB - Default model)            │
│ ⊞ Analysis Summary│                                                        │
│   Notes for Group │                        Estimate   S.E.    C.R.    P    Label│
│ ⊞ Variable Summary│ satisfaction  <--- functional   1.811   5.886  .308  .758 W32│
│   Parameter summary│ satisfaction <--- design       -2.380  14.510 -.164 .870 W52│
│ ⊞ Notes for Model │ SPACE        <--- functional    1.000                  │
│ ⊞ Estimates       │ BRIGHT       <--- design        1.000                  │
│   Minimization History│ FREQUENCY <--- satisfaction   1.000                │
│ ⊞ Model Fit       │ MOVING       <--- functional   -2.936  1.037  -2.830 .005 W1│
│   Execution Time  │ FEE          <--- satisfaction  -.632   .243  -2.597 .009 W2│
│                   │ COLOR        <--- design        -.578   .394  -1.469 .142 W4│
│                   │                                                        │
│                   │ Standardized Regression Weights: (typeB - Default model)│
│                   │                                                        │
│                   │                        Estimate                        │
│                   │ satisfaction  <--- functional    .689                  │
│                   │ satisfaction  <--- design       -.666                  │
│                   │ SPACE        <--- functional     .342                  │
│                   │ BRIGHT       <--- design         .260                  │
│ typeA             │ FREQUENCY    <--- satisfaction   .586                  │
│ typeB             │ MOVING       <--- functional    -.782                  │
│ typeC             │ FEE          <--- satisfaction  -.548                  │
│                   │ COLOR        <--- design        -.161                  │
│                   │                                                        │
│                   │ Means: (typeB - Default model)                         │
│ Default model     │                                                        │
│                   │                Estimate  S.E.    C.R.    P    Label     │
│                   │ functional      .097    .104    .940   .347   h12       │
│                   │ design         -.248    .226  -1.097   .273   h22       │
│                   │                                                        │
│                   │ Intercepts: (typeB - Default model)                    │
│                   │                Estimate  S.E.   C.R.    P    Label      │
└──────────────────┴────────────────────────────────────────────────────────┘
```

步驟 5　點一下 typeC，針對參數估計值如下顯示路徑係數。

Regression Weights: (typeC - Default model)

			Estimate	S.E.	C.R.	P	Label
satisfaction	<---	functional	1.728	.901	1.918	.055	W33
satisfaction	<---	design	-.681	.616	-1.106	.269	W53
SPACE	<---	functional	1.000				
BRIGHT	<---	design	1.000				
FREQUENCY	<---	satisfaction	1.000				
MOVING	<---	functional	-2.936	1.037	-2.830	.005	W1
FEE	<---	satisfaction	-.632	.243	-2.597	.009	W2
COLOR	<---	design	-.578	.394	-1.469	.142	W4

Standardized Regression Weights: (typeC - Default model)

			Estimate
satisfaction	<---	functional	.651
satisfaction	<---	design	-.427
SPACE	<---	functional	.390
BRIGHT	<---	design	.761
FREQUENCY	<---	satisfaction	.735
MOVING	<---	functional	-.960
FEE	<---	satisfaction	-.505
COLOR	<---	design	-.424

Means: (typeC - Default model)

	Estimate	S.E.	C.R.	P	Label
functional	.490	.191	2.569	.010	h13
design	.045	.224	.199	.842	h23

Intercepts: (typeC - Default model)

	Estimate	S.E.	C.R.	P	Label

步驟 6　按一下模式適合度（Model Fit）。
　　　　　　如下顯示有關適合度的統計量。

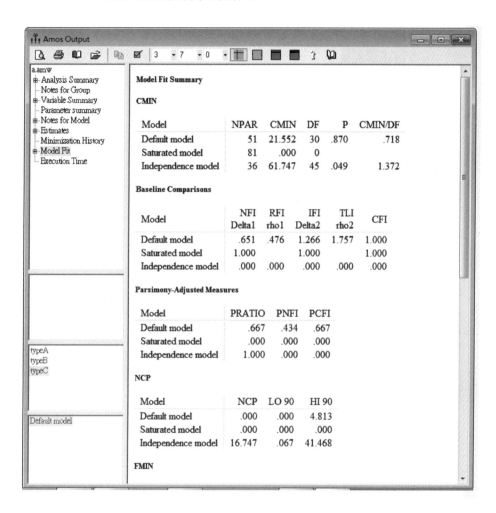

17.12 輸出結果的判讀

1. CMIN 是卡方值
   （顯著）機率 0.870> 顯著水準 0.05
   可以認為模式是合適的。
   如（顯著）率 < 顯著水準 0.05 時，可以認為模式是不適合的。

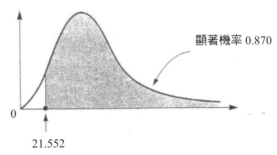

顯著機率 0.870

0

21.552

圖 17.8.1 自由變 30 的卡方分配

2. NFI = 0.651
   NFI 接近 1 時，模式的適配可以說是好的。
   NFI = 0.651，因之模式的適配可以認為是好的。

3. RMSEA 未滿 0.05 時，模式的適配可以說是好的
   RMSEA 在 0.1 以上時，模式的適配可以說是不好的
   RMSEA=0.000，因之模式的適配可以認為是好的。

4. AIC 是赤池資訊量基準。
   AIC 小的模式是好的模式。

Tea Break

有興趣的讀者可參閱另一書《醫護統計與 AMOS 分析方法與應用》。

一點靈

步驟 1　想輸出標準化估計值時，從檢視 (V) 的清單中，選擇分析性質
(A)。

: OK: Default model

| View | Diagram | Analyze | Tools | Plugins | Help |

	Interface Properties...	Ctrl+I
	Analysis Properties...	Ctrl+A
	Object Properties...	Ctrl+O
	Variables in Model...	Ctrl+Shift+M
	Variables in Dataset...	Ctrl+Shift+D
	Parameters...	Ctrl+Shift+P
	Matrix Representation...	Ctrl+Shift+R
	Text Output	F10
	Full Screen	F11

步驟 2　接著在輸出的 Tab 中，勾選
　　　　□標準化估計值
　　　　在關閉分析性質的視窗，即可計算估計值。

Analysis Properties

Estimation | Numerical | Bias | Output | Bootstrap | Permutations | Random # | Title

☑ Minimization history　　　　　□ Indirect, direct & total effects

☑ Standardized estimates　　　　□ Factor score weights

□ Squared multiple correlations　□ Covariances of estimates

□ Sample moments　　　　　　　□ Correlations of estimates

□ Implied moments　　　　　　　□ Critical ratios for differences

□ All implied moments　　　　　□ Tests for normality and outliers

□ Residual moments　　　　　　□ Observed information matrix

□ Modification indices　　　　　4　　　Threshold for
　　　　　　　　　　　　　　　　　　　　modification indices

Note

第 18 章
語意差異法分析

本章內容

18.1 何謂語意差異法（SD）

以下的數據是利用語意差意法（SD:Semantic Differential）的評定實驗，針對幼稚園的外觀印象與環境心理所調查的結果。

數值是以評定表所得出的各幼稚園的平均值。

表 18.1.1　SD 法的評定實驗

	幼稚園	清爽	有趣	寬廣	明亮	立體的	溫暖	美觀	親切	朝氣	開放的
1	1	-.2	.6	-.8	.8	-1.6	.8	.0	1.0	.2	-.4
2	2	-.2	.2	-.6	.2	-1.4	.6	-.8	.2	.4	-.4
3	3	-.6	-.8	-1.4	-.2	-1.6	-.4	-.8	-.2	-1.0	-1.2
4	4	-.6	-.8	-1.0	.6	-1.2	.0	.0	-.6	-.6	-.8
5	5	-.6	.8	-.4	1.2	-1.4	1.6	.2	1.8	.6	-.6
6	6	-.6	.0	-1.2	.0	-1.2	.2	-.4	-.2	-.6	-.2
7	7	.0	.6	-1.4	.6	-1.0	.8	-1.2	.4	-.4	.0
8	8	-.4	.4	-1.6	.8	-1.8	.6	-.8	.8	-.4	-.2
9	9	-.4	-.4	-1.2	.0	-1.8	-.6	-.2	.6	.2	-.4
10	10	.4	.8	-.8	.2	-.8	.8	-.8	.6	-.4	-.4
11	11	-.4	.4	-.6	.8	-1.8	.4	-1.0	.4	-.4	.0
12	12	-.6	.2	-1.0	.2	-1.0	.2	-.4	.0	-.4	-.6
13	13	-.2	.6	-.8	.2	-1.6	.8	-.2	.6	.2	-.2
14	14	-.4	-.2	-.2	-.4	-1.8	.0	-.6	.2	-.2	.0
15	15	.0	.0	-.8	.2	-1.2	1.2	-.2	.8	-.2	-.4
16	16	-.4	.6	-1.2	1.0	-1.0	1.0	.0	.8	.0	-.2
17	17	.0	-1.0	-1.2	.0	-1.6	.2	-.8	-.6	-.6	-.8
18	18	-.2	-.6	-1.2	.4	-.6	-.2	-.8	.4	-.4	-.6
19	19	.2	-.4	-1.2	.0	-.8	.0	.0	.4	-.4	-.8
20	20	-.4	-.6	-.8	.0	-1.4	.0	-.4	.2	.0	.0
21											

■ SD 法的步驟

步驟 1	研究目的如決定時……。
步驟 2	選定對象空間與受試者。
步驟 3	選擇評定尺度，製作評定表。
步驟 4	讓受試者體驗對象空間，並記入到評定表中。
步驟 5	按各對象空間求出評定結果的平均值。
步驟 6	將評定表的項目當作變數，進行因素分析。 萃取第 1 因素、第 2 因素……。
步驟 7	求出各因素分數，將對象空間在有意義的空間上表現。

此評定實驗是選定受試者，分發如下的評定表。

表 18.1.2 評定表

評定表

幼稚園的名稱 _____ 受試者的名稱 _____

按各項目針對此幼稚園的外觀印象在最接近的地方加上○記號。

	2	1	0	1	2	
清爽						雜亂
無聊						有趣
窄						寬
亮						暗
平面的						立體的
暖和						寒冷
醜陋						美觀
冷淡						親切
朝氣						沉悶
開放的						壓迫的

（注）將所記入的記號輸入到資料檔案時，如表 18.1.3 那樣將值換成 -2、
　　　-1、0、1、2。

想分析的事情

1. 想讓受試者所體驗的對象空間（幼稚園）的外觀或空間的氣氛此種印
　 象，使用評定項目進行測量。
2. 將各個對象空間的外觀或空間之氣氛此種印象，想在有意義的空間
　 （人裡的空間）上定位看看。

此時，可以考慮如下的統計方式。

■ 統計處理 1

根據評定實驗的結果進行因素分析，取出潛在因素
第1因素、第2因素、第3因素

■ 統計處理 2

使用第1因素、第2因素、第3因素等的因素分數，將對象空間在有意義的空間上表現或定位。

（注）SD 法是心理測量的統計手法。

使用因素分析， 進行心理評定而求出座標軸。

撰寫論文時

1. SD 法的情形

「……因此使用對象空間的平均值，進行因素分析之後，第1因素是與有趣、暖和、親切、明亮等之變數有關，因之將第1因素取名爲『好感因素』。第2因素是與有朝氣、寬、開放的變數有關，因之將第2因素命名爲『活動因素』」。

另外，將第1因素取成橫軸，第2因素取成縱軸，在平面上表現時：

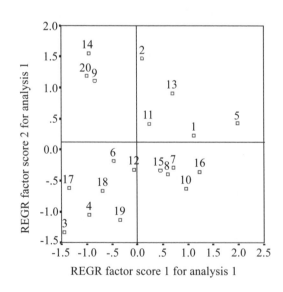

由此是可以判讀出什麼呢？

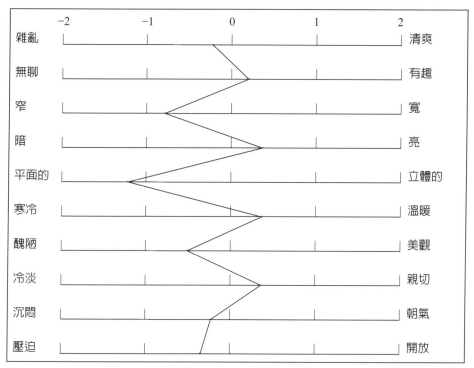

圖 18.1.2 評定平均值圖

（注）這是 20 家幼稚園的平均印象。

【數據輸入的準備】

表 18.1.3　SD 法的評定實驗的平均值

幼稚園	受試者	清爽	有趣	寬	暗	立體的	溫暖	美觀	親切	朝氣	開放的
NO.1	1	0	1	-1	1	-1	0	0	1	0	0
	2	1	2	-2	1	-2	2	0	2	1	0
	3	-1	-1	-1	1	-1	1	0	2	0	-2
	4	0	1	0	1	-2	1	0	0	0	0
	5	-1	0	0	0	-2	0	0	0	0	0
	平均值	-0.2	0.8	-0.8	0.8	-1.0	0.8	0	1	0.2	-0.4

幼稚園	受試者	清爽	有趣	寬	暗	立體的	溫暖	美觀	親切	朝氣	開放的
NO.2	1	0	0	-1	0	-1	0	-1	-2	0	0
	2	-1	1	0	1	-1	1	-1	0	1	-1
	3	0	0	-1	0	-2	0	0	0	0	0
	4	0	0	-1	0	-1	1	0	2	1	-1
	5	0	0	0	0	-2	1	-2	1	0	0
	平均值	-0.2	0.2	-0.6	0.2	-1.4	0.6	-0.8	0.2	0.4	-0.4

⋮

幼稚園	受試者	清爽	有趣	寬	暗	立體的	溫暖	美觀	親切	朝氣	開放的
NO.20	1	-1	-1	0	0	-1	0	-1	0	0	0
	2	0	1	-1	0	-1	1	0	0	0	0
	3	-1	-1	-2	-1	-1	0	0	0	0	0
	4	0	0	0	0	-2	0	0	1	0	0
	5	0	-2	-1	1	-2	-1	-1	0	0	0
	平均值	-0.4	-0.6	-0.8	0	-1.0	0	-0.4	0.2	0	0

【數據輸入類型】

將表 18.1.3 所計算的平均值，如下輸入到 SPSS 的資料檔案中。

	幼稚園	清爽	有趣	寬廣	明亮	立體的	溫暖	美觀	親切	朝氣	開放的	Var
1	1	-.2	.6	-.8	.8	-1.6	.8	.0	1.0	.2	-.4	
2	2	-.2	.2	-.6	.2	-1.4	.6	-.8	.2	.4	-.4	
3	3	-.6	-.8	-1.4	-.2	-1.6	-.4	-.8	-.2	-1.0	-1.2	
4	4	-.6	-.8	-1.0	.6	-1.2	.0	.0	-.6	-.6	-.8	
5	5	-.6	.8	-.4	1.2	-1.4	1.6	.2	1.8	.6	-.6	
6	6	-.6	.0	-1.2	.0	-1.2	.2	-.4	-.2	-.6	-.2	
7	7	.0	.6	-1.4	.6	-1.0	.8	-1.2	.4	-.4	.0	
8	8	-.4	.4	-1.6	.8	-1.8	.6	-.8	.8	-.4	-.2	
9	9	-.4	-.4	-1.2	.0	-1.8	-.6	-.2	.6	.2	-.4	
10	10	.4	.8	-.8	.2	-.8	.8	-.8	.6	-.4	-.4	
11	11	-.4	.4	-.6	.8	-1.8	.4	-1.0	.4	-.4	.0	
12	12	-.6	.2	-1.0	.2	-1.0	.2	-.4	.0	-.4	-.6	
13	13	-.2	.6	-.8	.2	-1.6	.8	-.2	.6	.2	-.2	
14	14	-.4	-.2	-.2	-.4	-1.8	.0	-.6	.2	-.2	.0	
15	15	.0	.6	.2	.2	-1.2	1.2	-.2	.8	-.2	-.4	
16	16	-.4	.6	-1.2	1.0	-1.0	1.0	.0	.8	.0	-.2	
17	17	.0	-1.0	-1.2	.0	-1.6	.2	-.8	-.6	-.6	-.8	
18	18	-.2	-.6	-1.2	.4	-.6	-.2	-.8	.4	.4	-.6	
19	19	.2	-.4	-1.2	.0	-.8	.0	.0	.4	-.4	-.8	
20	20	-.4	-.6	-.8	.0	-1.4	.0	-.4	.2	.0	.0	
21												

（注）各對象空間進行因素分析時，輸入表 18.1.1 的數據後，再利用觀察值選擇變數。但，此時所萃取的因素有可能與各對象空間不同。想萃取相同的因素時，有需要以 AMOS 進行多群組分析，詳情請見《醫護統計與 AMOS 分析方法與應用》（五南出版）。

18.2　SD 法的因素分析

步驟 1　輸入表 18.1.3 的數據時從分析 (A) 的清單中如下選擇因素 (F)。

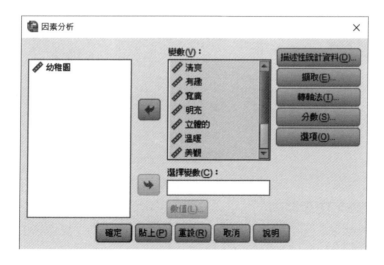

步驟 2　變成因素分析的畫面時，從清爽到開放性的所有變數移到變數 (V) 的方框中，按一下擷取 (E)。

步驟 3　變成萃取的畫面時，選擇 主軸因素法，分析是 勾選共變異數矩陣
(V) 然後按 繼續 。

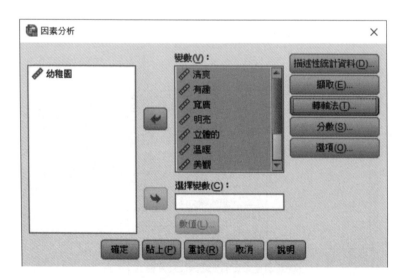

步驟 4　回到以下畫面時，按一下 轉軸法 (T)。

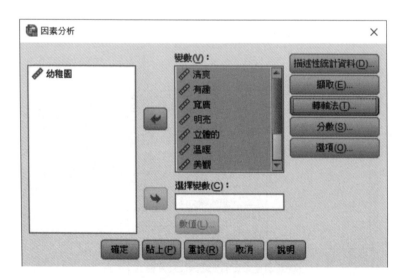

步驟 5　變迴轉軸的畫面時，勾選最大變異法 (V) 及因素負荷圖 (L)，按
繼續。

步驟 6　變成以下畫面時，按一下描述性統計資料 (D)。

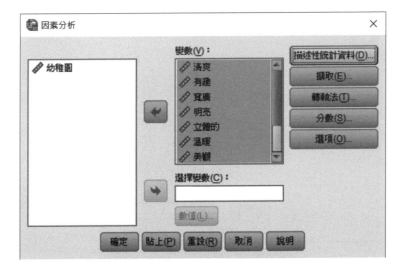

步驟 7　變成描述性統計量的畫面時，勾選 KMO 與 Bartlett 的球形檢定，
　　　　然後按 繼續 。

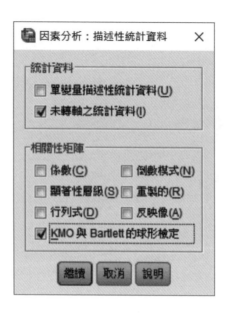

步驟 8　變成以下的畫面時，按一下 分數 (S)。

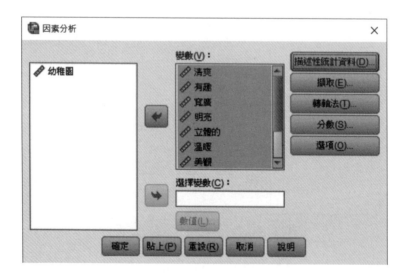

步驟 9　變成因素分數的畫面時，勾選因素儲存成變數，按 繼續 。

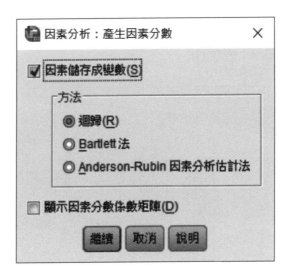

步驟 10　回到以下畫面時，按 確定 。

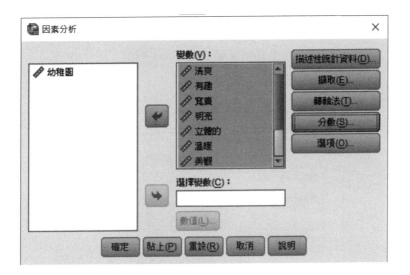

【註解】

進行觀察值的選擇時，進行以下的步驟。

步驟 1　將想選擇變數（譬如表 18.1.3 中的幼稚園）移到選擇變數 (C) 的方框中，按一下數值 (L)。

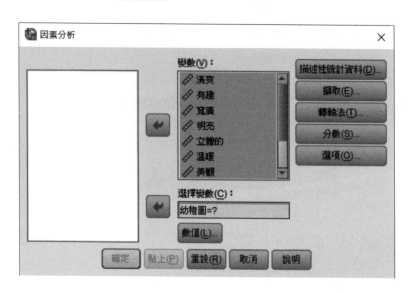

步驟 2　變成數值設定的畫面時，輸入 1，按 繼續 。
步驟 1 的畫面變成了

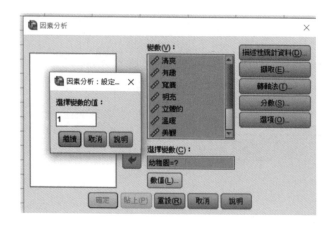

即針對 1 個幼稚園的觀察值進行因素分析。

實際上，表 18.1.3 的變數的觀察值各只有 1 個，因之即使選擇也是錯誤的，在有數個觀察值時選擇吧。

【SPSS 輸出 · 1】——因素分析

KMO 與 Bartlett 檢定^a

Kaiser-Meyer-Olkin 測量取樣適當性。		.679	←①
Bartlett 的球形檢定	大約 卡方	77.881	
	df	45	
	顯著性	.002	←②

a. 根據相關性

說明的變異數總計

	因素	起始特徵值^a			擷取平方和載入			循環平方和載入			
		總計	變異的 %	累加 %	總計	變異的 %	累加 %	總計	變異的 %	累加 %	
原始資料	1	.989	51.558	51.558	.925	48.221	48.221	.867	45.196	45.196	
	2	.241	12.557	64.116	.183	9.559	57.780	.197	10.250	55.446	
	3	.202	10.544	74.660	.131	6.840	64.620	.176	9.174	64.620	←③
	4	.142	7.418	82.078							
	5	.106	5.510	87.587							
	6	.075	3.900	91.487							
	7	.057	2.978	94.466							
	8	.048	2.501	96.966							
	9	.033	1.728	98.695							
	10	.025	1.305	100.000							
已重新調整	1	.989	51.558	51.558	3.588	35.876	35.876	3.227	32.275	32.275	
	2	.241	12.557	64.116	1.118	11.183	47.060	1.337	13.366	45.641	
	3	.202	10.544	74.660	.947	9.468	56.528	1.089	10.887	56.528	
	4	.142	7.418	82.078							
	5	.106	5.510	87.587							
	6	.075	3.900	91.487							
	7	.057	2.978	94.466							
	8	.048	2.501	96.966							
	9	.033	1.728	98.695							
	10	.025	1.305	100.000							

擷取方法：主體軸係數。

a. 當分析共變異數矩陣時，起始特徵值與原始及重新調整解決方案相同。

【輸出結果的判讀 · 1】——因素分析

① 這是 Kaiser-Meyer-Olkin 的效度的測度。

此值如在 0.5 以下時，可以說沒有進行因素分析的效度。

此數據的情形，效度 =0.6721，所以有進行因素分析的意義。

② 這是 Bartlett 的球形檢定。
　假設 H_0：相關矩陣是單位矩陣。
　顯示機率 0.002< 顯著水準 0.05
　因之，假設 H_0 可以捨棄。
　因此，變數間有相關，所以
　萃取因素是有意義的。

③ 第 1 因素的資訊量是 32.275%。
　第 2 因素的資訊量是 13.366%。
　第 3 因素的資訊量是 10.887%。
　因此，從第 1 因素到第 3 因素為止的資訊量之合計是 56.528%。

【SPSS 輸出・2】

係數矩陣[a]

	原始資料			已重新調整		
	因素			因素		
	1	2	3	1	2	3
清爽	.031	-.091	-.014	.107	-.318	-.048
有趣	.523	-.164	.057	.897	-.281	.097
寬廣	.129	.120	.131	.361	.336	.367
明亮	.288	-.037	-.122	.674	-.086	-.285
立體的	.003	-.089	-.151	.008	-.239	-.404
溫暖	.470	-.074	-.067	.842	-.132	-.120
美觀	.118	.251	-.146	.295	.627	-.364
親切	.465	.078	-.033	.834	.140	-.060
朝氣	.283	.216	.092	.717	.547	.234
開放的	.140	-.058	.194	.427	-.178	.592

←④

擷取方法：主體軸係數。

a. 擷取 3 個係數。需要 15 個疊代。

旋轉係數矩陣[a]

	原始資料			已重新調整		
	因素			因素		
	1	2	3	1	2	3
清爽	.049	-.042	-.073	.170	-.147	-.255
有趣	.521	.120	-.137	.892	.205	-.235
寬廣	.075	.198	.056	.211	.556	.157
明亮	.309	-.044	.041	.723	-.104	.097
立體的	.050	-.168	-.011	.135	-.449	-.029
溫暖	.479	.036	-.004	.858	.065	-.008
美觀	.099	.011	.297	.248	.027	.742
親切	.440	.128	.115	.789	.229	.206
朝氣	.214	.246	.169	.544	.624	.428
開放的	.104	.181	-.130	.318	.553	-.397

←⑤

擷取方法：主體軸係數。
轉軸方法：具有 Kaiser 正規化的最大變異法。

a. 在 5 疊代中收斂循環。

【輸出結果的判讀・2】——因素分析

④ 這是直交轉軸前的因素負荷（量）。

⑤ 這是直交轉軸後的因素負荷（量）。

　如觀察再調查的地方……
　第 1 因素是
　　　　有趣、明亮、溫暖、親切
　變數的因素負荷（量）的絕對值較大，所以可以命名為
　　　　第 1 因素 =「好感因素」。

圖 18.2.1

第 2 因素是

　　　寬廣、朝氣、開放性

等變數的因素負荷（量）的絕對值較大，因之可以命名為

　　　第 2 因素 =「活動因素」。

圖 18.2.2

（注）當然因素的命名取決於研究者而有所不同。

【SPSS 輸出‧3】——因素分析

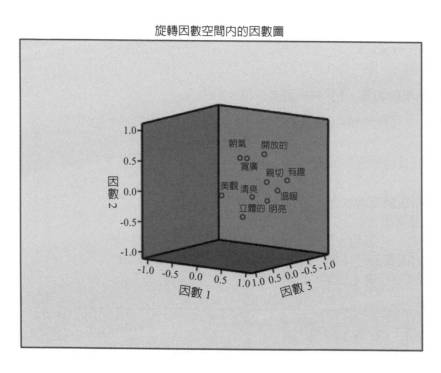

旋轉因數空間內的因數圖

←⑥

	寬廣	明亮	立體的	溫暖	美觀	親切	朝氣	開放的	fac1_1	fac2_1	fac3_1
1	-.8	.8	-1.6	.8	.0	1.0	.2	-.4	1.11599	.22972	.66312
2	-.6	.2	-1.4	.6	-.8	.2	.4	-.4	.10149	1.45863	.14246
3	-1.4	-.2	-1.6	-.4	-.8	-.2	-1.0	-1.2	-1.44901	-1.33144	-.08337
4	-1.0	.6	-1.2	.0	.0	-.6	-.6	-.8	-.95119	-1.04341	.96648
5	-.4	1.2	-1.4	1.6	.2	1.8	.6	-.6	1.98384	.42322	1.72493
6	-1.2	.0	-1.2	.2	-.4	-.2	-.6	-.2	-.46460	-.17668	-.58677
7	-1.4	.6	-1.0	.8	-1.2	.4	-.4	-.2	.70920	-.28184	-1.78143
8	-1.6	.8	-1.8	.6	-.8	-.4	-.4	-.2	.59471	-.39671	-.85203
9	-1.2	.0	-1.8	-.6	-.2	.6	.2	-.4	-.83168	1.10212	1.06493
10	-.8	.2	-.8	.8	-.8	.6	-.4	.0	.96150	-.62971	-1.36195
11	-.6	.8	-1.8	.4	-1.0	.4	-.4	.0	.23690	.42177	-1.40082
12	-1.0	.2	-1.0	.2	-.4	.0	-.4	-.6	-.06174	-.32398	-.10858
13	-.8	.2	-1.6	.8	-.2	.6	.2	-.2	.69609	.90425	.13321
14	-.2	-.4	-1.8	.0	-.6	.2	-.2	.0	-.95974	1.55324	-.50666
15	-.8	.2	-1.2	1.2	-.2	.8	-.2	-.4	.45450	-.33253	.32428
16	-1.2	1.0	-1.0	1.0	.0	.8	.0	-.8	1.24041	-.35481	.39910
17	-1.2	.0	-1.6	.2	-.8	-.6	-.6	-.8	-1.34303	-.61519	.01239
18	-1.2	.4	-.6	-.2	-.8	.4	-.4	-.6	-.68889	-.66339	.09096
19	-1.2	.0	-.8	.0	.0	.4	-.4	-.8	-.34881	-1.12797	.76863
20	-.8	.0	-1.4	.0	-.4	.2	.0	.0	-.99593	1.18471	.39712
21											

⑦　　　　⑧　　　　⑨

【輸出結果的判讀・3】——因素分析

⑥ 這是利用第 1 因素、第 2 因素、第 3 因素的因素圖形。

⑦ 第 1 因素分數

⑧ 第 2 因素分數

⑨ 第 3 因素因數

（注）接著，以第 1 因素分數爲橫軸，第 2 因素分數爲縱軸，將 2 個對象空
　　　間畫在平面上看看。

18.3 利用因素分數表現對象空間

步驟 1 求出因素分數時從統計圖 (G) 的清單中如下選擇。

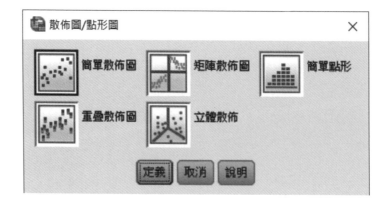

	誠的	溫暖	美概	親切	朝氣			FAC2_1	FAC3_1	var
1	-1.6	.8	.0	1.0			11599	22972	.66312	
2	-1.4	.6	-.8	.2				33	.14246	
3	-1.6	-.4	-.8	-.2	-1.0	-1.2			-.08337	
4	-1.2	.0	.0	-.6	-.6	-.8		11	.96648	
5	-1.4	1.6	.2	1.8	.6	-.6		22	1.72493	
6	-1.2	.2	-.4	-.2	-.6	-.2		58	-.58677	
7	-1.0	.8	-1.2	.4	-.4	.0		84	-1.78143	
8	-1.8	.6	-.8	.8	-.4	-.2			-.85203	
9	-1.8	-.6	-.2	.6	.2	-.4		12	1.06493	
10	-.8	.8	-.8	.6	-.4	-.4		71	-1.36195	
11	-1.8	.4	-1.0	.4	-.4	-.4		77	-1.40082	
12	-1.0	.2	-.4	.0	-.4	-.4		98	-.10858	
13	-1.6	.8	-.2	.6	.2	-.2		55	.13321	
14	-1.8	.0	-.6	.2	-.2	.0	-.95974	1.55324	-.50666	
15	-1.2	1.2	-.2	.8	-.2	-.4	.45450	-.33253	.32428	
16	-1.0	1.0	.0	.8	.0	-.2	1.24041	-.35481	.39310	
17	-1.6	.2	-.8	-.6	-.6	-.8	-1.34303	-.61519	.01239	
18	-.6	-.2	-.8	.4	-.4	-.6	-.68889	-.66339	.09096	
19	-.8	.0	.0	.4	-.4	-.8	-.34881	-1.12797	.76863	
20	-1.4	.0	-.4	.2	.0	.0	-.99593	1.18471	.39712	
21										

步驟 2 變成散佈圖 / 點圖的畫面時，選擇簡單散佈圖，按一下定義。

步驟 3　變成以下畫面時，將第 1 因素分數移到 X 軸，第 2 因素分數移到 Y 軸，將幼稚園移到觀察值標籤依據 (C)，然後按一下選項 (O)。

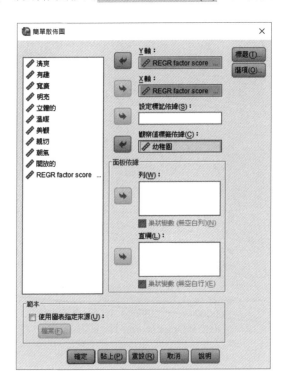

步驟 4　變成選項的畫面時，勾選顯示有數值標記的圖表 (S)，按 繼續 ，回到步驟 3 的畫面時，按 確定 。

【SPSS 輸出】──散佈圖

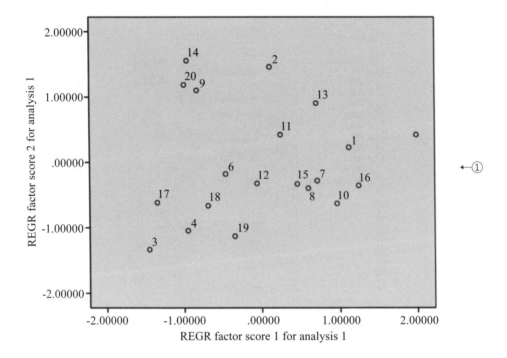

於畫面中快速點擊兩次，出現編輯畫面。分別點選 ⊔ ，⊢ 。分別出現內容。

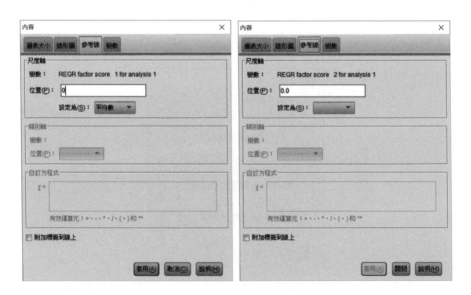

出現內容，分別將 位置 (P) 設為 0，得出如下。

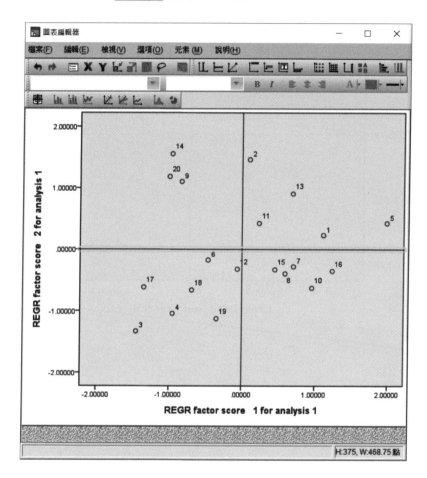

【輸出結果的判讀・4】 ── 散佈圖

① 一面觀察此散佈圖，即可將20處的幼稚園在2次元的有意義空間上表現。

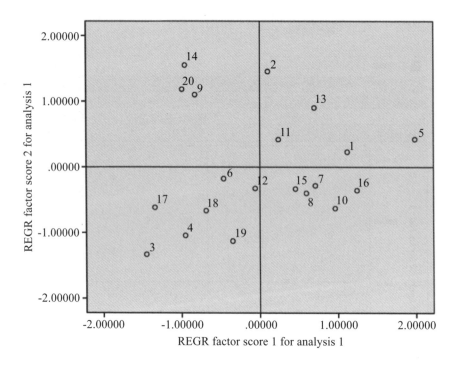

參考文獻

1. 石村貞夫，「多變量解析淺說」，東京圖書，1987 年
2. 石村貞夫，「統計解析淺說」，東京圖書，1989 年
3. 石村貞夫，「變異數分析淺說」，東京圖書，1992 年
4. 石村貞夫，「利用 SPSS 的變異數分析與多重比較的步驟」，東京圖書，1997 年
5. 石村貞夫，「利用 SPSS 的多變量數據分析的步驟」，東京圖書，1998 年
6. 石村貞夫，「利用 SPSS 的時系列分析的步驟」，東京圖書，1999 年
7. 石村貞夫，「利用 SPSS 的統計處理的步驟」，東京圖書，2001 年
8. 石村貞夫，「利用 SPSS 的類別分析的步驟」，東京圖書，2001 年
9. 田部井明美，「利用共變異數構造分析（AMOS）的資料處理」，東京圖書，2001 年
10. 石村貞夫，「利用 SPSS 的醫學、齒學、藥學的統計分析」，東京圖書，2006 年
11. 石村貞夫，「利用 SPSS 的臨床心理、精神醫學的統計處理」，東京圖書，2006 年
12. 石村貞夫，「利用 SPSS 的建築設計、福祉心理的統計處理」，東京圖書，2005 年
13. Spss Inc., "Spss Base for Windows User's Guide", Spss Inc. 1997
14. James L. Arbuckle & Werner Wothke, "Amos 4.0 User's Guide", Small Waters Corporation, 1999

家圖書館出版品預行編目資料

圖解應用心理統計分析／陳耀茂作. ——初
版.——臺北市：五南圖書出版股份有限公
司, 2024.07
面；　公分
ISBN 978-626-393-442-9（平裝）

1.CST: 應用心理學　2.CST: 統計分析
3.CST: 統計方法

177.028　　　　　　　　113008330

5B1M

圖解應用心理統計分析

作　　者 ― 陳耀茂（270）

發 行 人 ― 楊榮川

總 經 理 ― 楊士清

總 編 輯 ― 楊秀麗

副總編輯 ― 王正華

責任編輯 ― 張維文

封面設計 ― 封怡彤

出 版 者 ― 五南圖書出版股份有限公司

地　　址：106台北市大安區和平東路二段339號4樓

電　　話：(02)2705-5066　　傳　　真：(02)2706-6100

網　　址：https://www.wunan.com.tw

電子郵件：wunan@wunan.com.tw

劃撥帳號：01068953

戶　　名：五南圖書出版股份有限公司

法律顧問　林勝安律師

出版日期　2024 年 7 月初版一刷

定　　價　新臺幣400元

經典永恆·名著常在

—————————◆—————————

五十週年的獻禮——經典名著文庫

　　五南，五十年了，半個世紀，人生旅程的一大半，走過來了。
　　思索著，邁向百年的未來歷程，能為知識界、文化學術界作些什麼？
　　在速食文化的生態下，有什麼值得讓人雋永品味的？

　　歷代經典·當今名著，經過時間的洗禮，千錘百鍊，流傳至今，光芒耀人；
不僅使我們能領悟前人的智慧，同時也增深加廣我們思考的深度與視野。
　　我們決心投入巨資，有計畫的系統梳選，成立「經典名著文庫」，
　　希望收入古今中外思想性的、充滿睿智與獨見的經典、名著。
　　這是一項理想性的、永續性的巨大出版工程。
　不在意讀者的眾寡，只考慮它的學術價值，力求完整展現先哲思想的軌跡；
　　為知識界開啟一片智慧之窗，營造一座百花綻放的世界文明公園，
　　　　　　　任君遨遊、取菁吸蜜、嘉惠學子！